10대를 위한 메타버스에 관한 거의 모든 것

10대를 위한
메타버스에 관한 거의 모든 것

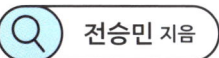
전승민 지음

교보문고

| 머리말 |

메타버스라는 새로운 세계로
여러분을 초대합니다

얼마 전 'HMD'라는 것을 하나 구매했습니다. 커다란 안경이 붙은 헬멧인데, 머리에 쓰면 생생한 3차원 입체 영상으로 가상현실(VR)을 체험할 수 있습니다. 물론, 이런 장치 없이도 가상현실 세계에 들어가는 방법이 있습니다. 스마트폰이나 컴퓨터로 접속해서 화면 속 아바타로 활동하면 됩니다. 이렇게 메타버스에 접속할 수 있는 손쉬운 방법이 있으니 저는 그동안 HMD 구매를 미뤄 왔습니다. HMD를 사용하면 화려한 그래픽을 감상할 수 있다는데, 메타버스 이용에는 큰 차이가 없을 것 같았기 때문이죠.

그런데 실제로 HMD를 써 보니 이런 생각은 여지없이 무너졌습니다. 눈앞에 펼쳐진 영상은 현실 못지않게 생생했습니다. 그래픽 기술과 디스플레이 기술의 발전에 저는 즐거운 충격을 받았습니다. 메타버스라는 새로운 공간을 더욱 기대하게 되었죠. 가상의 공간에서 구현할 수 있는 다양한 서비스도 상상하게 되었답니다.

HMD를 사용하며 저는 메타버스가 이제 관념 속 먼 미래의 이야기가 아니라는 것을 실감했습니다. 메타버스는 게임이나 문화생활을 넘어 우리 사회와 삶의 모습을 바꿀 현실이 된 것입니다. 새로운 기술이 발명되면 늘 그렇듯, 이런 흐름 속에는 희망과 우려가 함께 묻어 있습니다. 메타버스 기술에 대한 기대만큼 오해도 많이 쌓이고 있죠. 그중에서 두 가지를 짚고 넘어가려고 합니다.

첫째는 메타버스가 정착되면 집에서 컴퓨터와 스마트폰, HMD 같은 장치만으로 모든 일을 할 수 있다고 믿는 '메타버스 만능론'입니다. 메타버스가 미래 사회를 송두리째 바꿀 기술이라고 생각하는 사람들이 있습니다. 하지만 이런 관점은 대단히 위험합니다. 과학기술의 발명이 미래를 바꾸는 것은 분명하지만, 기술 하나만으로 세상이 완전히 달라지지는 않기 때문입니다. 과학과 기술의 발전을 충분히 공부하고, 사회에 영향을 주는 요소들을 두루 고려해야 합니다.

둘째는 '메타버스 회의론'입니다. 메타버스 만능론자들과 반대로, 메타버스가 단순한 오락거리에 그친다고 생각하는 사람들도 많습니다. 그래픽이 화려하니 흥미진진하고 재밌는 눈요깃감이기는 하지만, 현실에 큰 영향을 미칠 수는 없다고 생각하죠. 하지만 이런 시각은 메타버스가 우리가 살아가는 세상을 구성하는 한 축이라는 점을 간과한 것입니다.

메타버스가 큰 인기를 얻으며 관련 책이 쏟아져 나왔습니다. 그런데 막상 구체적인 궁금증에 답해 주는 책은 없다는 생각이 들었습니다. 대부분 메타버스의 개념을 차근차근 설명하는 데 그쳐 다양한 사례들을 소개했음에도 비슷비슷한 이야기가 반복되는 느낌이었죠.

저는 이런 아쉬움을 해결하고자 이 책을 집필하게 되었습니다. 여러분이 메타버스에 가질 궁금증을 최대한 해소할 수 있길 바랐습니다. 먼저 1장과 2장에서는 메타버스의 개념과 메타버스라는 기술이 등장한 배경, 그리고 메타버스의 종류를 설명했습니다. 3장에서는 메타버스 사회를 지탱하는 디스플레이 기술을 짚었습니다. 4장에서는 메타버스와 현실이 상호작용하게 될 미래에서는 AI 가상인간, 로봇 등이 모두 사회를 구성하는 일원이 될 것이라는 내용을 다뤘습니다. 마지막 5장에서는 이런 흐름 속에서 미래의 주인공인 여러분이 기르면 좋을 역량과 관련 직업을 소개했습니다.

   지금은 4차 산업혁명 시대라고들 합니다. 인공지능, 빅데이터, 메타버스 등 산업 구조를 대대적으로 바꿀 새로운 기술이 발명되었죠. 앞으로 우리는 메타버스가 핵심 기술로 자리 잡은 세상에서 살아가게 될 것입니다. 이 책을 통해 메타버스라는 흥미롭고 유용한 세상에 여러분이 한걸음 가까워지면 좋겠습니다.

2024년 2월

전승민 드림

머리말 4

1
'메타버스'라는 가상의 세계

메타버스에는 불가능이 없다! 20 | 완전한 메타버스 세상이 존재할까? 24 | 메타버스란 도대체 뭘까? 30 | 영화로 보는 메타버스의 미래 34

생각해 보기 메타버스 편 46

2
메타버스의 네 종류

AR, 현실에 가상을 더하다 56 | 라이프로깅: 디지털 공간에 삶 기록하기 61 | 현실을 복제한 거울세계를 손안에! 67 | 무한한 가능성으로 채워진 가상세계 73

생각해 보기 메타버스의 종류 편 80

3 세상을 바꾸는 디스플레이

더 정교하고 선명한 화면 88 | 생생하고 또렷한 영상을 보고 싶어! 95 | VR, 완전한 가상현실을 보여 주다 100 | 현실에 환상을 더하는 AR 기술 105 | 메타버스의 존재를 현실로 초대할 수 있을까? 109 | 어느 날 성큼 다가올 XR이라는 미래 113

생각해 보기 디스플레이 편 120

4 AI와 함께 살아갈 메타버스 세상

메타버스 세상에서 활약하는 AI 128 | 인간은 앞으로 어떻게 소통할까? 138 | 학교에 가지 않아도 되는 미래가 온다? 145

생각해 보기 AI와 메타버스 편 154

5 메타버스 세상에서 탄생할 새로운 직업

메타버스를 만드는 세 가지 이유 162 | 메타버스 사회를 준비하는 방법 166 | 메타버스 시대에 필요한 역량과 새로운 직업 171

독후활동 187

LOADING . . .

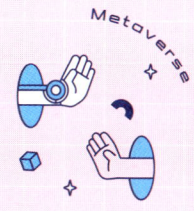

온라인에 자신만의 공간을 꾸려 본 적이 있나요? 유튜브나 페이스북, 카카오톡 같은 소셜미디어 앱뿐 아니라 캐릭터를 만들어 꾸밀 수 있는 메타버스 공간이 요즘 인기입니다. 메타버스 플랫폼 '제페토'에서는 나만의 아바타를 만들어 지인이나 친구와 소통할 수 있습니다. 미니 게임을 하거나 캠핑, 산책 등 여가 활동을 즐기기도 하죠. YG나 SM, JYP, 빅히트 등 연예 기획사에서 제공하는 콘텐츠도 많고, 참여할 수 있는 각종 챌린지도 열립니다.

메타버스(metaverse)는 '가상'이라는 뜻의 '메타(meta)'

와 '우주' 혹은 '세계'를 뜻하는 '유니버스(universe)'의 합성어입니다. 1992년 미국의 작가 닐 스티븐슨이 소설《스노 크래시》에서 처음 사용한 개념이죠. 소설에서 묘사한 메타버스의 모습은 현재 개발 중인 메타버스 플랫폼의 모습과 놀랍도록 닮았습니다. 세계적인 CEO들이 이 소설을 읽고 영감을 받아 게임을 발명하거나 기술을 개발하는 등 사회에 큰 변화를 일으켰다고도 합니다.

메타버스는 우리가 흔히 접하는 온라인 공간과 어떤 점이 다를까요? 메타버스에서는 **현실과 흡사한 체험**을 할 수 있습니다. 아바타를 이용해 게임을 하거나 친구를 사귀는 것뿐 아니라 경제활동과 문화생활을 누릴 수도 있죠. 그야말로 **'또 다른 나'**로 생활할 수 있는 공간입니다.

현대 산업 사회는 이미 메타버스를 중심으로 새롭게 짜이고 있습니다. 제페토의 누적 가입자 수는 4억 명을 돌파했고 메타버스 게임 플랫폼 '로블록스'는 매달 3억 명이 넘는 이용자가 접속합니다. 미국에서는 어린이의 절반이 로블록스를 한다는 기사까지 나올 정도였습니다. 2025년에는 메타버스 시장 규모가 2021년에 예상했던 것보다 5

배 넘게 성장할 것이라고 합니다.

  그동안 주로 IT와 게임 산업에서 환영받던 메타버스 서비스는 이제 교육, 문화, 예술, 제조업까지 다양한 분야에서 주목받고 있습니다. 손에 잡히지 않는 새로운 세계, 메타버스의 시대가 온 것입니다.

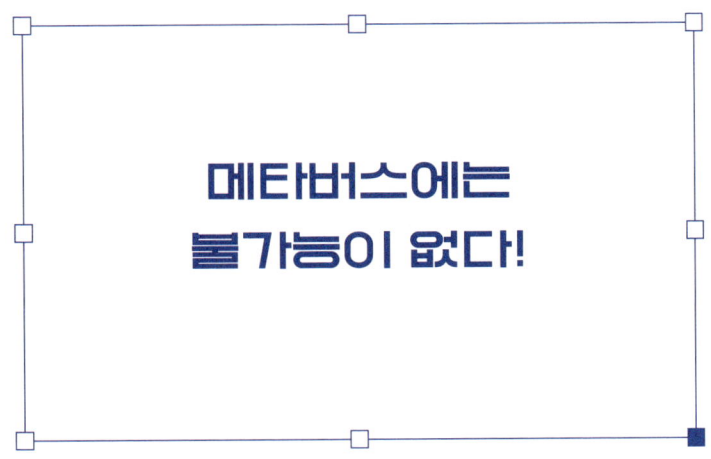

통신과 교통 기술이 발전하면서 우리는 바다 건너 멀리 있는 나라에도 갈 수 있게 되었습니다. 밤낮이 다른 곳의 사람들과도 이메일이나 영상통화로 소통할 수 있죠. 그야말로 시간과 공간의 제약이 사라진 시대입니다. 하지만 친구가 멀리 이사하거나 외국으로 이민을 떠나면 자주 만날 수 없는 것은 마찬가지입니다. 기차와 비행기가 빨라졌다고 해도 큰 비용을 들여 오랜 시간 이동해야 하죠.

멀리 떨어져 있는 사람을 더 쉽게 만날 방법은 없을까요? 메타버스에서는 가능합니다. 접속할 시간만 서로 약속하면

　언제든 메타버스에서 함께 영화를 보거나 나란히 앉아 책을 읽을 수도 있고, 마주 보며 식사도 할 수 있습니다. 아바타들끼리 포옹을 나눌 수도 있죠.

　현실을 그대로 옮겨 놓은 듯한 메타버스의 기초 원리는 **통신 기술**의 발명에서 시작됐습니다. 전화나 영상통화 자체가 현실세계를 뛰어넘으려는 시도였습니다. 전화기 너머로 들리는 상대방의 목소리는 사실 가상의 소리입니다. 사람의 목소리를 전기신호로 변환해서 전달하고, 그 전기신호를 다시 음성으로 바꾸는 원리죠. 상대방의 목소리를 기막히게 흉내 낸 소리가 두 사람의 공간적 제약을 허물어 주는 것입니다. 이렇듯 통신 기술은 먼 거리를 단번에 줄이는 힘이 있습니다.

 메타버스도 마찬가지입니다. 현실을 확장한 가상의 세계가 안정적으로 만들어지면 우리는 또 다른 삶의 터전을 얻게 될 것입니다. 마음만 먹으면 메타버스 세상에서는 현실과 완전히 다른 사람으로 살 수 있습니다. 원하는 직업을 가질 수 있

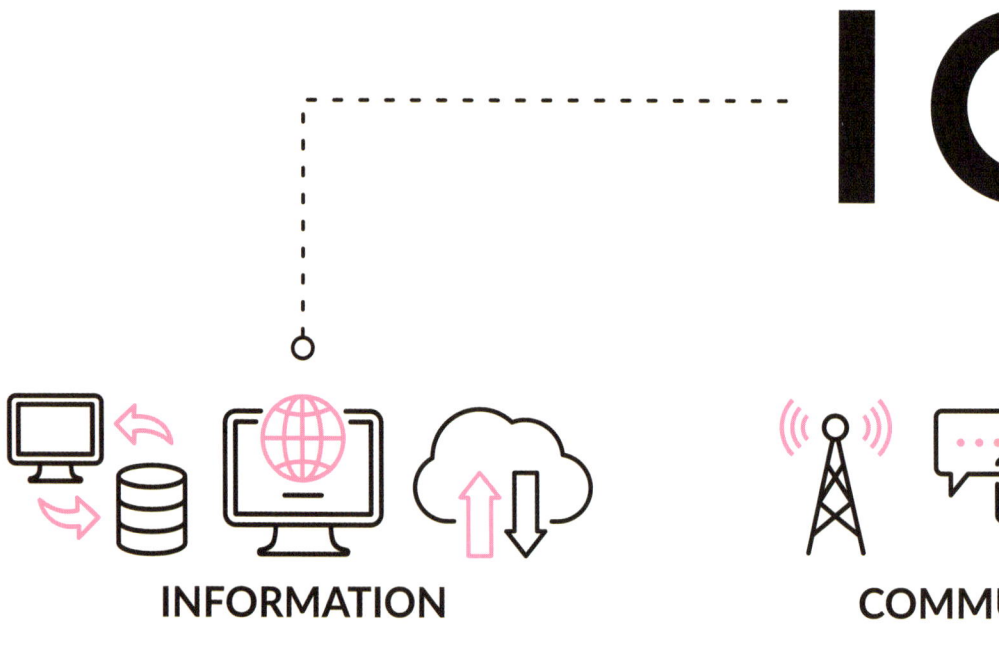

고, 국경을 넘어 친구를 사귈 수도 있죠. 이렇듯 불가능한 것이 없는 메타버스 생활에 만족해서 현실에 등을 돌리려는 사람들이 생길까 걱정하는 목소리도 있습니다. 하지만 이런 걱정은 **메타버스 역시 하나의 사회**라는 점을 간과한 것입니다. 우리는 앞으로 현실과 메타버스, 두 가지 삶을 동시에 살게 될 것입니다. 우리 사회도 정치, 경제, 문화 등 많은 분야가 두 세상에 **공존**하는 방향으로 나아가겠죠.

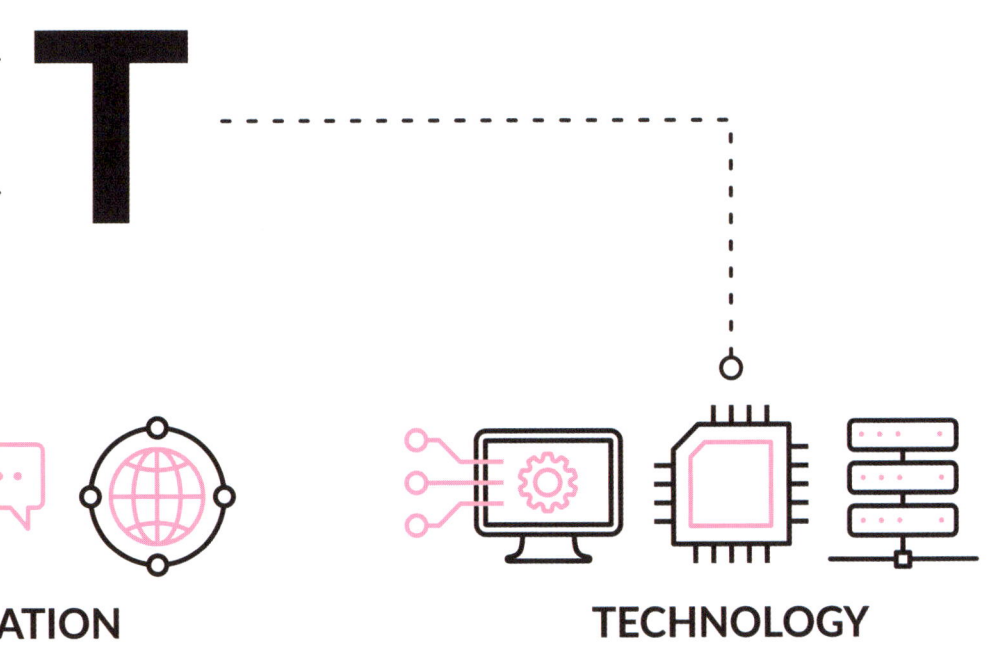

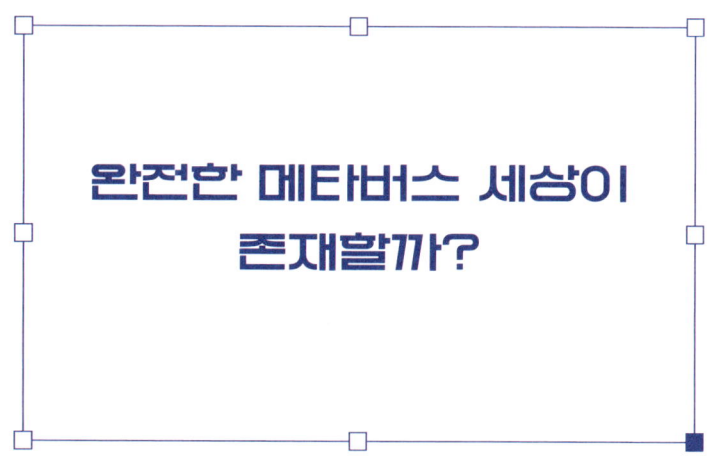

완전한 메타버스 세상이 존재할까?

영화나 애니메이션에 등장하는 메타버스의 환경은 실제와 구분되지 않을 정도로 생생합니다. 우리가 현실세계에서 살아가듯이 **아바타** 들도 메타버스에서 활동합니다. 심지어는 현실의 '나'와 메타버스의 '나'를 구분하지 못해 어려움을 겪기도 하죠. 지금 우리가 사용하는 메타버스 서비스와는 사뭇 다른 모습입니다.

이렇게 완벽한 메타버스 세계를 만들 수 있을까요? 우선 우리의 감각을 속일 수 있을 만큼 뛰어난 기술이 필요합니다. **수준 높은 그래픽 기술**로 실제와 같다고 느낄 만한 공간을 만들고, 그 안에서 보고, 듣고, 맛보고, 냄새를 맡고 피부에 닿는 **오감**도 느낄 수 있어야 하죠. 현실에서 할 수 있는 모든 일이 가능해야 합니다.

영화에서 본 메타버스 세상은 화려하고 멋진데 현실의 기술은 초라하고 별 볼 일 없어 보여 실망하는 사람도 많습니다. '리니지'나 '메이플스토리' 같은 다중 접속 온라인 역할 수행 게임(MMORPG)과 메타버스를 명확히 구분하지 못하는 경우도 있죠. 게임 속 캐릭터도 직업이 있고, 게임 세계에서 아이템을 사고팔거나 함께 미션을 수행하는 그룹을 만들기도 하기 때문입니다. 하지만 게임은 사용자가 직접 세상을 확장할 수 없습니다. 만들어진 세상 안에서만 활동할 수 있죠. 메타버스

> ▪ **아바타**
> avatar
>
> 개인을 대신해 메타버스에서 활동하는 캐릭터입니다. 1992년 닐 스티븐슨이 쓴 소설 《스노 크래시》에서 메타버스라는 가상 세계에서 활동하는 가상의 신체를 뜻하는 말로 처음 사용했습니다.

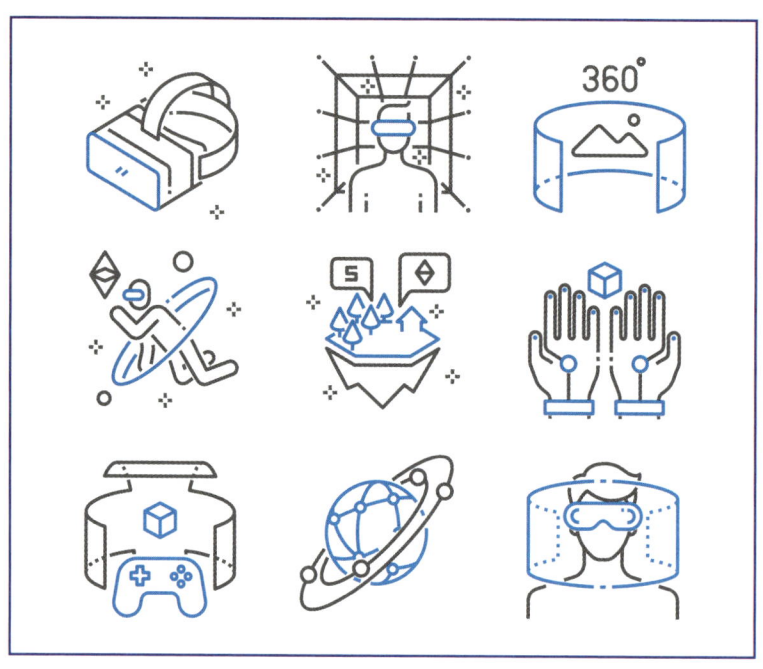

는 우리가 살아가는 이 세상처럼 직접 공간을 만들고 의미와 이야기를 부여할 수 있는 무한한 가능성을 품고 있다는 점이 다릅니다.

 현재까지 개발된 메타버스는 시각이나 청각 등 일부 감각을 활용한 정보만으로 이루어져 있습니다. 후각, 촉각 등 더 많은 감각을 느낄 수 있는 기술은 아직 발명되지 않았습니다. 지금 우리가 사용하는 메타버스는 미완성 상태이기 때문에 중

단해야 한다는 주장도 있습니다. 2000년대 초반부터 존재했던 '메타버스'라는 개념에 가상현실(VR: virtual reality), 증강현실(AR: augmented reality), 인공지능(AI: artificial intelligence) 등 최신 IT 용어를 그럴싸하게 결합한 것에 불과하다고 강하게 비판하기도 합니다.

2021년에 페이스북은 개발자들과 VR·AR의 미래를 이야기하는 '페이스북 커넥트 2021' 행사에서 기업 이름을 '메타'로 바꾸겠다고 발표했습니다. '메타'는 '메타버스'라는 뜻을 가지고 있는데, 그만큼 회사의 미래 기술을 메타버스에 집중하겠다는 의지를 보인 것이죠. 한편 메타의 최고 기술 관리자

> ■ **가상현실과 증강현실**
> VR: virtual reality, AR: augmented reality
>
> VR과 AR 모두 가상 공간을 만드는 기술입니다. 두 기술의 차이는 가상공간에 현실이 개입되는 정도에 있습니다. VR은 컴퓨터를 통해 실제 같은 가상의 세계를 체험할 수 있도록 하는 기술로, 공간 전체가 가상입니다. 반면 AR은 현실의 이미지나 배경에 가상의 이미지를 추가하는 기술입니다.

존 카맥은 "나는 메타버스에 대한 비전을 믿고 있으며 메타버스가 존재했으면 한다. 하지만 메타버스 서비스 개발에 곧바로 들어가는 것이 좋은 방법은 아니다."라고 비판했습니다. 글로벌 VR·AR 개발 기업 빅스크린의 CEO 다르샨 샹카르도 "수십 년 동안 사람들은 메타버스를 과장해 왔다. 기업들은 메타버스라는 아이디어로 사람들을 매혹할 뿐이다."라고 주장한 바 있죠. 메타버스가 각광받는 기술이기는 하지만 본격적인 개발과 투자를 시작하기에는 이르다는 뜻입니다.

이런 비판들에도 불구하고 메타버스가 향후 IT 업계의 중심이 될 것이라는 주장이 대세입니다. 2024년 1월, 애플은 VR과 AR을 결합한 '혼합현실(MR: mixed reality)' 제품을 출시하려고 준비 중입니다. 구체적인 사양은 아직 밝혀지지 않았지만, 전문가들은 고글 안에 고급 디스플레이와 사용자의 움직임을 추적하는 기능이 있을 것이라고 예측합니다. VR과 AR 기술이 한창 개발 중인 지금, 두 기술을 결합한 MR 제품의 성능은 기대에 못 미칠 수도 있습니다. 하지만 이런 시도들이 쌓이다 보면 메타버스 기술은 빠른 시일 내에 한층 발전할 것입니다.

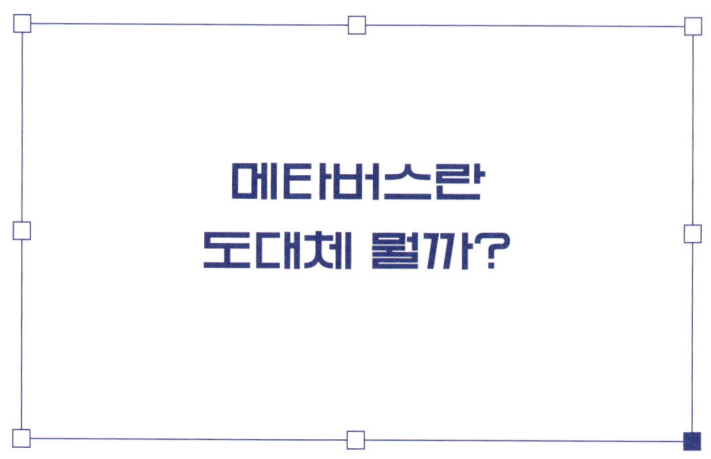

메타버스란 도대체 뭘까?

잘 모르는 개념을 정확히 이해하기 위한 첫걸음은 스스로 정의를 내려 보는 것입니다. 메타버스를 이해하기 위해서는 '메타버스'라는 말의 정확한 뜻과 유래를 알아야겠죠. 앞서 메타버스는 가상이나 초월을 의미하는 '메타'와 세계 또는 우주를 의미하는 '유니버스'를 합성한 단어로, 1992년 미국 작가 닐 스티븐슨이 소설 《스노 크래시》에서 처음 사용했다고 이야기했습니다. 그렇다면 현재 메타버스 기술의 뿌리가 된 《스노 크래시》에서 묘사한 메타버스는 어떤 모습일까요?

《스노 크래시》의 주인공 히로 프로타고니스트는 한국계 미국인으로, 현실세계에서 피자 배달부로 일합니다. 가상의 세계인 메타버스에서는 뛰어난 해커로 활약하죠. 사람들은 메타버스에서 모두 아바타로 활동하며 현실세계의 신분을 숨깁니다. 히로는 메타버스에서 컴퓨터를 마비시키고 해커들의 뇌를 불능으로 빠뜨리는 바이러스이자 마약인 '스노 크래시'의 비밀을 파헤칩니다. 그리고 '스노 스캔'이라는 백신으로 스노 크래시를 퇴치하죠.

소설 속 사람들은 메타버스 안에서 사회를 이루고 살아갑니다. 히로 같은 해커가 있는가 하면 마약에 중독되는 범죄자도

있고, 이를 쫓는 영웅도 등장합니다. 그야말로 **현실 같은 또 다른 세상**입니다. 작가 닐 스티븐슨은 30년도 더 전에 이런 온라인의 새로운 세상을 상상하고 '메타버스'라는 이름을 붙였습니다.

《스노 크래시》를 그저 소설일 뿐이라고 생각하면 안 됩니다. 이 작품이 세상에 끼친 영향은 지대하기 때문이죠. 구글 공동 창립자인 세르게이 브린은 이 소설을 읽고 영상 지도 서비스 '구글 어스'를 개발했다고 밝혔습니다. 이 소설이 영화 〈매트릭스〉의 출발점이라고 말하는 사람들도 있습니다. 《스노 크래시》의 영향을 받아 개발된 메타버스 서비스도 많습니다. 대표적인 것이 현재 출시된 수많은 메타버스 플랫폼의 원조라고 불리는 메타버스 게임 '세컨드 라이프'입니다. 이 밖에도 《스노 크래시》는 수많은 영화나 만화 등 창작에 크나큰 영향을 미쳤답니다.

저에게 메타버스와 다른 온라인 등 가상의 공간을 구분 짓는 구체적인 기준을 묻는다면, **현실에서 법적으로 인정하는 사회 활동을 구현할 수 있는 플랫폼**인지 살펴봐야 한다고 대답할 것입니다. 직업 생활이나 금융 거래, 학습 등 현실에서 일상적으로 이뤄지는 다양한 활동을 할 수 있어야 한다는 뜻이죠. 이런 관점에서 보면 현재 메타버스는 아직 완전하지 않습니다. 하지만 머지않아 현실과 거의 같은 모습을 한 메타버스가 등장할 것입니다.

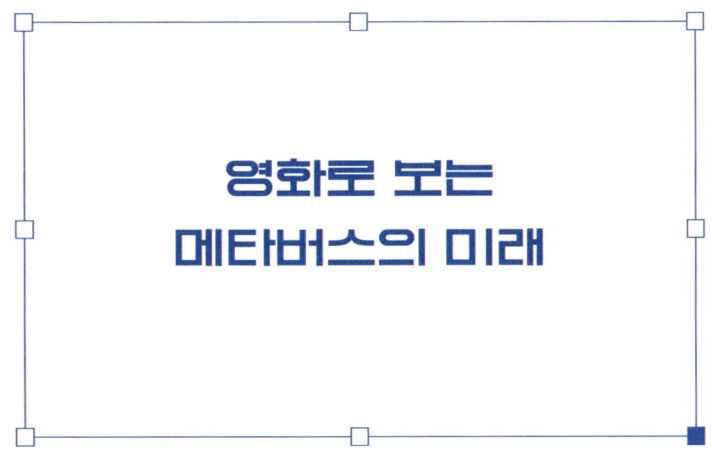

영화로 보는 메타버스의 미래

영화나 드라마, 애니메이션 등 영상 매체에는 이상적인 메타버스의 이미지가 구체적으로 표현되곤 합니다. 우리가 꿈꾸는 메타버스의 모습은 무엇인지 관련 작품을 통해 들여다보겠습니다.

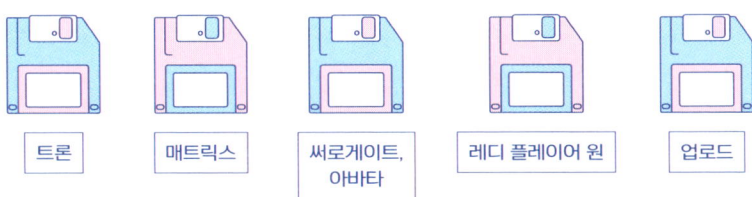

| 트론 | 매트릭스 | 써로게이트, 아바타 | 레디 플레이어 원 | 업로드 |

트론(Tron, 1982)

#메타버스의_원조   #1인칭_메타버스   #최초의_CG

이 영화가 개봉했을 당시인 1982년에는 메타버스라는 개념조차 존재하지 않았습니다. 그럼에도 메타버스 기술이 발전한 지금 이 영화를 '세계 최초의 메타버스 영화'라고 부르기에 전혀 부족함이 없 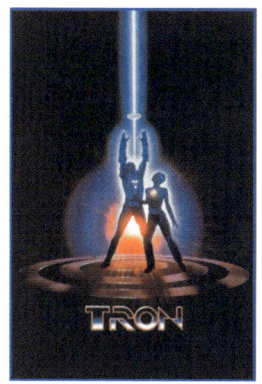 습니다. 〈트론〉은 세계 최초로 컴퓨터 그래픽스(CG)를 사용한 영화이기도 합니다.

영화의 줄거리는 이렇습니다. 주인공 케빈 플린은 자신이 개발한 게임을 도둑맞습니다. 범인을 찾는 과정에서 플린은 인간의 명령을 무시하고 독자적으로 판단해 움직이는 고성능 컴퓨터 '마스터 컨트롤'이 존재한다는 것을 알게 됩니다. 마스터 컨트롤의 정체를 밝혀내기 위해 시스템에 접속하던 도중 플린은 온라인 세계로 빨려 들어갑니다. 그 이후 플린은 트론이라는 전사와 동료가 되어 마스터 컨트롤과 그 수하들을 상대로 싸우고, 마침내 승리한 뒤에 현실세계로 무사히 빠져나옵니다.

영화에서 묘사한 가상의 세계 안에는 지배자와 그의 명령을 따르는 자들, 포로로 잡혀 노예처럼 지내는 자들로 이루어진 사회가 형성되어 있습니다. 가상의 세계가 사이버 공간에 있고, 사람이 접속해 그 안으로 들어갈 수 있다는 생각을 구현한 것이죠.

현재까지 개발된 기술 개념을 이용해 말하자면, 플린은 **완전한 1인칭 시점의 메타버스**에 접속한 것입니다. 인간이 컴퓨터 속 세계로 들어갈 수 있다는 개념을 보여 준 최초의 영화인 셈이죠. 메타버스라는 용어만 쓰지 않았을 뿐, 전반적인 아이디어는 같다고 할 수 있습니다.

물론 현재의 기술과 비교해 보면 과학적 상상력에 한계가 드러납니다. 메타버스에 접속하기 위해 인간의 몸 전체를 잘게 나누어 전기회로 속에 집어넣는다는 설정은 비현실적이죠. 하지만 《스노 크래시》보다 10년이나 앞선 작품이라는 점을 감안하면 시대를 뛰어넘은 놀라운 상상이었다는 생각이 들 것입니다.

매트릭스(The Matrix, 1999)

`#완전한_메타버스`　`#디스토피아`　`#AI와_기계`

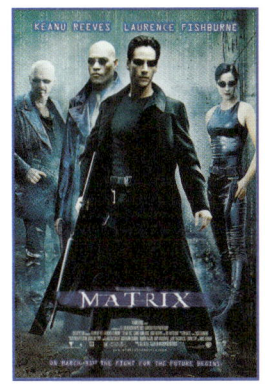

기술이 발전하면 사용자들이 메타버스와 현실의 차이를 느끼지 못하는 날이 올지도 모릅니다. 영화 〈매트릭스〉는 이처럼 완벽한 메타버스 세상에서 AI가 인간을 도구로 사용하고, 인간은 **현실을 망각**한 채 살아간다는 암울한 설정의 영화입니다. 미래 기술의 발전을 부정적으로 바라보는 **디스토피아**를 그린 작

> ■ **디스토피아**
> dystopia
>
> 사회의 부정적인 측면을 극대화한 암울한 미래상을 의미합니다. 반대로 이상적인 사회의 모습은 유토피아라고 합니다. 조지 오웰의 《1984》, 올더스 헉슬리의 《멋진 신세계》 같은 소설이 대표적인 디스토피아 작품으로 꼽힙니다.

품이죠.

〈매트릭스〉에서 AI 기계들은 인간을 에너지원으로 이용합니다. 인큐베이터 속에 인간들을 가두고 죽지 않도록 최소한의 영양분만 주입하면서 인간의 체온이나 배설물 등을 에너지로 삼아 시스템을 유지하죠. 그 대신 기계는 인간에게 정신적 세계를 제공합니다. 인간은 가상의 세계에 24시간 접속한 채 그곳을 현실이라고 인식하며 살아갑니다.

초거대 컴퓨터 시스템 속의 AI가 인간들을 혼수상태에 빠뜨려 에너지로 삼는 메타버스를 구성하고 운영한다는 설정은 과학적으로 허점이 있습니다. 하지만 인간이 메타버스로 들어가는 방법은 놀랍도록 현실적입니다. 영화에서 사람들은 뇌와 컴퓨터를 직접 연결해 가상의 세계에 접속합니다. 이는 현재에도 개발 중인 기술이죠. 당시에는 존재하지도 않았던 기술을 사실적으로 묘사했다는 점이 흥미롭습니다.

써로게이트(Surrogates, 2009), 아바타(Avatar, 2009)

#통신_기술   #인간의_의식   #현실_속_다른_세계

2009년에 개봉한 두 영화 모두 **인간의 신경**을 통해 새로운 세계로 접속한다는 설정을 바탕으로 합니다. 게다가 메타버스 이야기의 원조라고 했던 소설 《스노 크래시》의 영향을 강하게 받았다고 합니다. 과학기술에 대한 사회적인 이해가 비슷하게 이뤄진 결과라고 할 수 있죠.

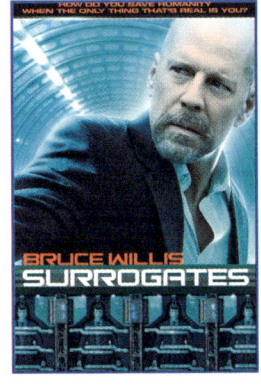

영화 〈써로게이트〉는 인간의 의식을 '써로게이트'라는 로봇에 옮겨 넣는 미래를 그립니다. 안락의자나 침대에 편안하게 누워서 자신의 **의식을 로봇에 접속**해 활동합니다. 몸은 안전한 집안에 머무르고, 일상적인 일은 오감을 느낄 수 있는 로봇을 이용하는 세상이죠.

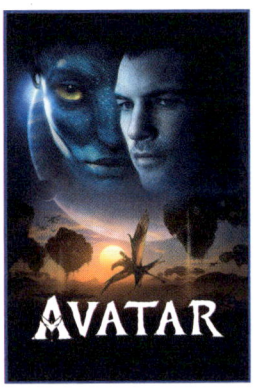

〈아바타〉도 비슷한 설정을 갖고 있습니다. 인간은 다른 행성의 생물체를 모방해 만든 '아바타'라는 **인공 생명체에 의식을 옮겨** 넣고, 아바타의 몸으로 움직입니다. 움직임이 자유롭고 오감을 생생하게 느낄 수 있어 자신이 진짜 아바타라는 생명체가 된 것처럼 활동하죠. 아바타가 잠들면 의식이 다시 인간의 몸으로 돌아와 깨어난다는 점이 〈써로게이트〉와 다릅니다.

엄밀히 말하면 두 영화는 메타버스가 아닌 '현실에 있는 또 다른 세계'로 접속하는 이야기입니다. 하지만 기술적으로는 메타버스와 큰 차이가 없습니다. 인간의 의식을 로봇이나 인공 생명체에 연결할 수 있다면 메타버스 속 아바타에 연결하는 것도 가능할 테니 말이죠. 그렇다면 영화 속 상상처럼 인간의 의식을 다른 개체에 옮겨 넣는 일이 가능할까요? 먼 거리에 떨어져 있는 객체(행위가 미치는 대상)에 두뇌의 명령을 전달하고 다시 오감을 전달받는 기술은 아직 개발되지 않았습니다. 통신으로 발생하는 시간 차이를 비롯해 해결해야 하는 부분이 많습니다.

레디 플레이어 원(Ready Player One, 2018)

`#현실적인_메타버스` `#메타버스_장치`

영화의 거장 스티븐 스필버그 감독이 어니스트 클라인의 2011년 동명 소설을 바탕으로 만든 영화입니다. 메타버스 영화의 대명사라고 할 수 있는 작품이죠. 영화의 줄거리는 다음과 같습니다.

2045년 미국, 수많은 사람들이 메타버스 세계 '오아시스'에 접속해 살아갑니다. 오아시스는 자신의 캐릭터로 어디든 갈 수 있고 무엇이든 할 수 있는 세상이죠. 오아시스에 접속할 때는 시각과 청각을 전달받기 위한 장치인 고글과 촉감을 느끼고 손동작을 입력하기 위한 장갑을 착용합니다. 기본 장비보다 더 좋은 기능을 갖춘 장비는 전신 복장의 형태입니다.

이런 연출은 〈매트릭스〉나 〈써로게이트〉, 〈아바타〉 등의 영화와 구분됩니다. 지금까지 이야기한 작품들에서는 인간의 의식을 다른 존재에 넣기 위해 인간의 육체가 잠에 빠져야 한다는 조건이 있었습니다. 하지만 〈레디 플레이어 원〉에서는 깨어 있는 **사람의 신체에 최대한 현실과 비슷한 자극**을 주어 착각을 불러일으키는 방식을 선택했죠. 우리가 상상하고 있는 메타버스의 모습과 가장 유사합니다.

상상의 세계이기 때문에 허점도 있습니다. 예를 들어 영화에서처럼 고글을 쓰고 러닝머신 위에 서서 메타버스에 접속한 사람이 곧바로 자동차를 운전하는 것은 앞뒤가 맞지 않습니다. 운전하기 위해서는 어딘가에 앉아서 장치들을 작동시켜야 하니 서 있는 채로 접속한다면 현실과 괴리감을 느낄 것입니다. 영화에서는 이런 세세한 부분을 미처 신경 쓰지 못한 것 같습니다.

기술적인 부분을 세세히 보면 빈틈이 있지만, 〈레디 플레이어 원〉은 우리가 맞이할 메타버스 세계를 현실성 있게 다뤘습니다. 영화계는 물론 메타버스 전문가들 사이에서도 좋은 평가를 받았으니 감상하는 것을 추천합니다.

업로드(Upload, 2020)

`#사후_세계` `#부활` `#메타버스의_부작용`

〈업로드〉는 죽은 사람들이 모이는 **사후 세계 메타버스**를 그린 드라마 시리즈입니다. 〈업로드〉에는 죽기 전에 비용을 내면 사후에 인간의 의식을 옮길 수 있는 '레이크뷰'라는 메타버스가 등장합니다. 몸은 죽었지만 살아 있을 때와 똑같은 모습의 캐릭터에 의식을 옮겨 계속 살아가는 것이죠.

레이크뷰는 현실과 연결된 가상의 세계입니다. 레이크뷰 안에서 물건을 사고파는 경제활동은 물론이고, 살아 있는 사람과 영상통화를 할 수도 있습니다. VR 장비를 착용하면 레이크뷰로 놀러 온 현실세계의 사람과 만나는 것도 가능하죠. 산 사람과 죽은 사람이 모두 모여 공동체를 형성하는 메타버스 사회인 것입니다.

이런 설정은 얼마나 현실성이 있을까요? 불가능하다고

단정하기는 어렵습니다. 인간의 뇌가 정보를 주고받는 방식을 컴퓨터 기기 속에 옮겨 담고, 그 정보를 레이크뷰의 캐릭터처럼 하나의 객체에만 적용할 수 있다면 가능할지도 모릅니다. 드라마 제목처럼 자신의 생명을 메타버스 세상에 '업로드'하는 것이죠. 만약 인간의 두뇌 속 정보를 로봇 같은 기계에 옮긴다면 인간이 로봇으로 재탄생하는 미래도 상상할 수 있을 것입니다.

영화에는 여러 가지 사건 사고가 이어지며 암울한 분위기가 연출되기도 하고, 자연스럽게 받아들여야 할 죽음을 없애면서 생기는 부작용에 대해서도 고민하게 만듭니다. 메타버스 기술을 통해 상상한 미래에서 발생할 수 있는 문제점들을 생각해 보게 하는 작품입니다.

메타버스 공간은 현실이 아니라 관념입니다. 잘 짜인 생각을 시각, 청각, 더 나아가 촉각과 후각, 미각 등 우리가 감각할 수 있는 형태로 전달하는 가상의 세계죠. 그러나 이 관념뿐인 세계는 우리가 살고 있는 세상에서 확장된 공간입니다.

메타버스 공간이 본격적으로 조성되면 우리가 일하고 꿈꾸며 살아갈 세상은 넓어질 것입니다.

생각해 보기

메타버스 편

제페토, 로블록스, 마인크래프트 등 우리는 이미 다양한 메타버스 세상을 즐기고 있습니다. 내가 원하는 모양으로 아바타를 꾸미기도 하고, 처음 보는 사람들과 자유롭게 춤을 추기도 하고, 미니 게임을 즐기기도 합니다. 나만의 공간을 만들어 친구들을 초대하기도 하죠. 지금은 메타버스가 오락용으로 활발하게 사용되고 있지만, 미래에는 학교와 회사, 은행, 공공 서비스 등 일상의 많은 분야에서 다양하게 쓰일 것입니다.

여러분이 꿈꾸는 메타버스 세상은 어떤 모습인가요? 메타버스 세상에서도 현실과 비슷한 모습으로 생활하고 싶은가요? 여러분이 상상하는 메타버스의 삶을 이야기해 보세요.

2

메타버스의 네 종류

LOADING . . .

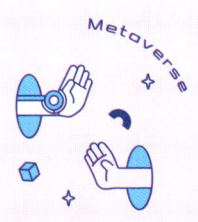

메타버스의 개념을 어느 정도 살펴봤으니 이제 **메타버스의 종류**를 알아볼까요? 전문가들은 가상의 세계에 접속하는 방식에 따라 메타버스의 형태를 **증강현실(AR), 라이프로깅, 거울세계, 가상세계** 네 가지로 나눕니다.

첫 번째로 알아볼 메타버스는 우리가 AR이라고 부르는 증강현실입니다. AR은 현실 공간에 가상의 2D 또는 3D 물체를 겹쳐 상호작용하는 환경을 뜻합니다. 대표적인 사례로 큰 인기를 끌었던 '포켓몬GO' 게임이 있습니다. 포켓몬GO의 세상은 스마트폰의 카메라 앱을 바탕으로 작동합니다. 스마트폰에서 카메라를 켜 비추면, 현실 배경 위에 포켓몬이 나타납니다. '스노우' 같은 카메라 앱에서 필터를 씌우는 기능도 같은 원리입니다. 카메라에 비치는 얼굴 이미지 위에 가상의 이미지가 더해집니다. 현실과 가상의 이미지가 서로 영향을 주고받죠. 우리에게는 카메라를 활

용한 앱이 가장 익숙하지만, 자동차나 비행기, 선박 등에서 사용하는 내비게이션 기술에도 활용하기 좋습니다.

두 번째는 '라이프로깅(life-logging)' 형태입니다. 사물과 사람에 대한 경험과 정보를 수집하여 메타버스를 만드는 데이터로 사용합니다. 삶과 메타버스가 연결되는 것이죠. 애플이나 삼성전자의 헬스케어 서비스, 나이키의 '나이키플러스(Nike+)' 등이 이 유형에 해당합니다.

세 번째는 '거울세계(mirror world)' 메타버스입니다. 거울처럼 현실세계의 정보를 그대로 복제해 만든 가상의 세계죠. '구글 어스'나 '구글 맵' 등을 대표적인 예시로 꼽을 수 있습니다.

네 번째는 가상세계(virtual world) 입니다. 인터넷에서 볼 수 있는 가장 흔한 메타버스 플랫폼이 이 유형에 속합니다. 메타버스에서는 자신이 만든 아바타로 활동하며, 주로 스마트폰이나 컴퓨터로 접속하여 사용합니다.

사실 라이프로깅이나 거울세계 유형을 두고 메타버스 서비스라고 말하는 경우는 별로 없습니다. 대체로는 앱이라고 생각하죠. 다만 이 두 가지 유형은 AR이나 가상세계 메타버스 플랫폼을 만들 때 빠져서는 안 될 중요한 기술입니다.

지금까지 설명한 네 가지 메타버스 유형은 두 가지 기준을 두고 구분합니다. 정보의 형태가 '외재적'인지 '내재적'인지, 가상의 공간을 만드는 데 사용한 기술이 '증강 기술'인지 '시뮬레이션 기술'인지에 따라 메타버스의 유형을 네 가지로 나눕니다.

'내재적'이라는 단어는 어떤 현상이 안쪽에 존재하는 것을 뜻합니다. 즉 내재적 메타버스는 메타버스 안에서 모든 현상이 일어난다는 말입니다. 가상세계는 내재적 메타버스에 속합니다. 가상세계 메타버스 유형에 속하는 제페토를 살펴봅시다. 제페토의 아바타들은 모두 제페토 세상 안에서 움직이고, 제페토의 정보 역시 모두 제페토라는 메타버스 안에 있으니 내재적 메타버스라고 할 수 있습니다.

게다가 제페토는 **시뮬레이션** 기술로 만든 메타버스입니다. 현실과 닮은 독립적인 세계를 만드는 것을 시뮬레이션 기술이라고 합니다. 제페토는 포켓몬GO처럼 현실과 가상의 이미지가 섞이는 곳이 아닌 현실과 닮은 새로운 세계입

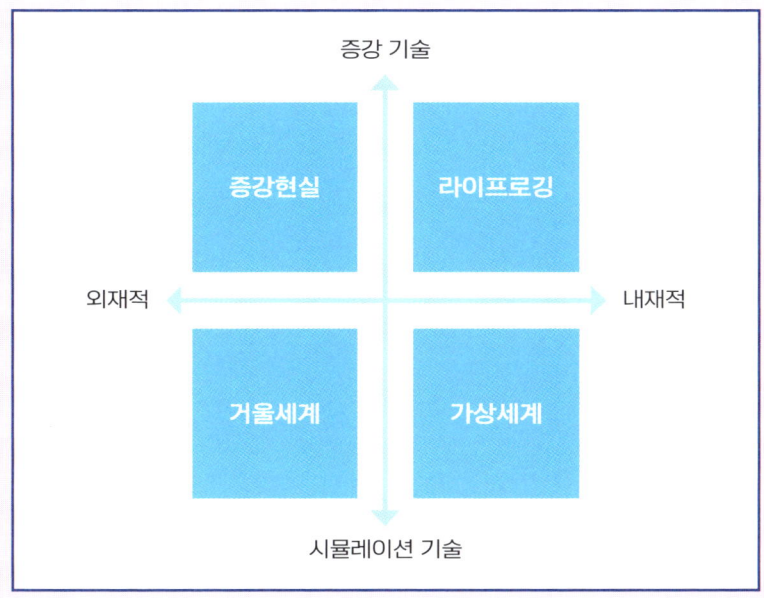

메타버스의 네 종류

니다. 즉 제페토 같은 가상세계 유형은 내재적인 시뮬레이션 유형인 것이죠.

반대의 경우도 생각해 보겠습니다. 현실에 가상의 이미지를 덧대는 포켓몬GO 같은 유형을 AR이라고 했죠? AR 세계는 현실에서 일어나는 일을 바탕으로 합니다. AR 세계의 현상은 메타버스 바깥(현실)에서 일어나기 때문에 **외재적** 유형으로 분류합니다. 게다가 포켓몬GO는 현실과

가상의 이미지가 어우러져 메타버스 세계를 만드는 **증강 기술**을 사용했죠.

이 구분법은 비영리 기술연구단체 ASF(Acceleration Studies Foundation)가 2007년에 발표한 '메타버스 로드맵'에 따라 만들어졌습니다. 현재까지 메타버스 연구에서는 대체로 이 구분법을 따르고 있으니 알아 두면 유용하답니다.

메타버스라는 개념은 여전히 발전 중입니다. 앞으로 다양한 메타버스 기술이 개발되면 이 네 유형으로 구분할 수 없는 메타버스가 등장할지도 모르죠. 우선은 이 요소들이 메타버스를 이루고 있다는 것을 기억하고, 각 유형을 자세히 들여다보며 메타버스를 낱낱이 파헤쳐 봅시다.

AR, 현실에 가상을 더하다

만화책이나 애니메이션 〈드래곤볼〉을 본 적이 있나요? 〈드래곤볼〉은 1984년에 연재를 시작한 만화입니다. 이렇게 오래전 작품에 놀랍게도 메타버스 기술을 상상한 듯한 장비가 나옵니다. '스카우터'라고 불리는 장치인데, 안경처럼 눈에 착용하고 적을 바라보면 상대방의 전투력, 나와 적의 거리, 정확한 위치 등을 실시간으로 보여 줍니다. 현실의 존재에 정보를 덧입혀 나타내는 방식이죠. 요즘 우리가 AR이라고 부르는 기술이라고 할 수 있습니다. 워낙 잘 표현된 사례라 AR을 설명할 때 저술가들이 자주 예로 들곤 합니다. 〈드래곤볼〉의 작가 도리야마 아키라가 이 만화를 처음 그릴 당시에는 AR이라는 개념 자체가 알려지기 전입니다. 그런 시기에 AR 개념을 정확히 이해해 만화를 그렸다니 작가의 상상력이 정말 대단하다는 생각이 듭니다.

　AR 기술은 **실용적인 목적**에서 개발되기 시작했습니다. 비

행기 제조사인 '보잉'에서 1990년경 비행기를 조립하는 과정에 가상의 이미지를 더하며 처음으로 세상에 소개됐죠. 이후 군부대에서 AR 기술을 적극적으로 도입하기 시작했습니다. 전투기나 전차 등 조종사들이 계기판을 보려면 정면에서 눈길을 돌려야 합니다. 그러나 목숨이 오가는 긴급한 상황에서는 잠시라도 한눈을 팔 수 없죠. 그래서 조종사 앞에 보이는 유리창이나 조종사가 머리에 쓸 수 있는 형태의 컴퓨터 화면에 AR 기술을 적용하기 시작한 것입니다. 이렇게 항공기나 자동차 등 앞의 유리창에 정보를 표시해 주는 AR 장치를 **HUD(head up display)**라고 합니다. 요즘은 고급 승용차에도 적용되고 있는 기술이죠.

AR 기술이 대중에게 공개된 유명한 사례는 1990년대 중반 미국 폭스 방송국이 최초로 시도한 TV 스포츠 중계 방송입니다. 미식축구 경기나 하키 경기 중계 화면에 공이 날아가는 경로를 보여 주어 주목을 받았습니다. 지금은 모든 방송사에서 스포츠 중계를 할 때 사용하는 기술이지만, 당시에는 획기적이었습니다.

AR 기술을 본격적으로 적용하기 위해서는 AR 접속에 사용

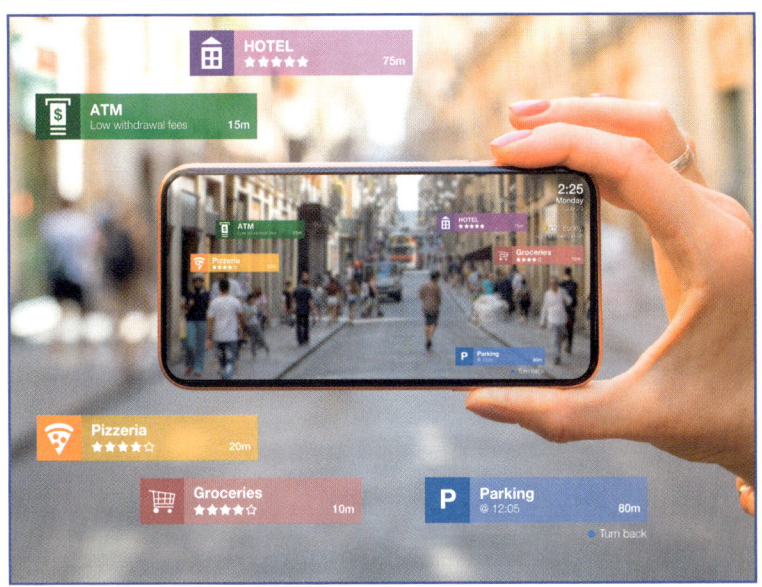

하는 전용 장비가 필요합니다. 스카우터처럼 머리에 쓰는 AR 전용 장치인 **HMD(head mounted display)**를 이용하는 것이 가장 효과적입니다. 그러나 HMD는 아직 개발 초기 단계입니다. 현재까지 개발된 AR 서비스는 대부분 스마트폰으로 이용할 수 있습니다. 스마트폰 카메라 앱으로 대상을 비춰 보면 화면 위에 추가 정보가 출력되는 방식이죠.

일상에서는 AR 기술을 어떻게 활용할 수 있을까요? 길을 걷다가 본 건물의 정보를 알고 싶다고 가정해 보겠습니다. 스마트폰 카메라로 거리나 건물을 비추면 위치를 추적하는 GPS 수신기가 사용자의 위치를 파악하여 스마트폰에 기록하고, 그 정보를 AR 앱 서비스 회사에 인터넷으로 전송합니다. 서비스 회사는 해당 지역 또는 사물의 상세 정보를 검색한 결과를 다시 스마트폰으로 보내죠. 조금만 기다리면 사용자는 건물의 이름과 전화번호, 주소 등 상세 정보를 알 수 있습니다. AR 서비스는 이렇게 실시간으로 화면에 관련 정보를 띄워 주는 방향으로 발전할 것입니다.

현재는 스마트폰 화면 속에서만 AR 세계를 경험할 수 있지만, 안경 형태의 장비가 개발된다면 AR 기술이 더욱 자연스럽게 일상으로 들어올 것입니다. 실제로는 존재하지 않는 반려동물을 집에서 기르거나 아바타와 친구가 되어 함께 살 수도 있겠죠. 지금과는 전혀 다른 생활을 누릴 것입니다.

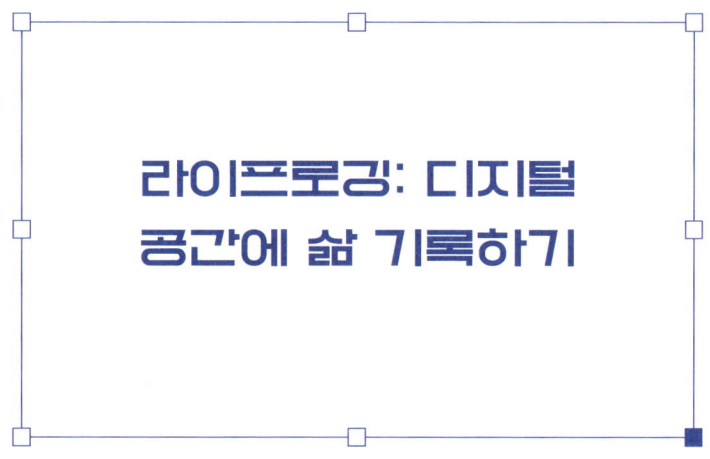

라이프로깅: 디지털 공간에 삶 기록하기

라이프로깅은 개인이 생활하면서 보고, 듣고, 만나고, 느끼는 모든 정보를 기록하는 방식의 메타버스입니다. **생활(life)의 기록(log)을 모으는 행동(ing)**이라는 뜻이죠. 매일 일기를 쓰는 것도 라이프로깅인 셈입니다. 하지만 공책에 쓴 일기는 디지털 정보로 바꿀 수 없으니 메타버스를 만드는 자료로 사용할 수 없습니다. 블로그나 페이스북, 인스타그램 같은 소셜미디어에 일기를 쓴다면 디지털 정보로써 활용 가치가 생기겠죠. **장소와 시간에 구애받지 않는 디지털 자료를 기록하는 것**을 '라이프로깅'이라고 부릅니다.

라이프로깅을 통해 온라인에 수집한 정보는 다시 현실에서 활용되는 경우가 많습니다. 단순한 정보 수집 같지만 이 방식을 잘 활용하면 유용한 서비스를 만들 수 있습니다. 건강 관리 앱과 스마트워치를 생각해 보겠습니다. 잘 때 스마트워치를 차면 건강 앱과 연동하여 수면 패턴을 저장합니다. 때때로

심박수도 알려 주고, 사용자의 활동이 감지되면 목표 운동량에 도달하기 위해 걷거나 뛰어야 하는 거리와 시간도 알려 줍니다. 이는 모두 스마트워치라는 기기를 통해 사용자에게 수집했던 데이터를 바탕으로 합니다. 목표로 설정해 두었던 운동량, 어제 걸었던 거리와 걸음 수, 표준 심박수와 수면 패턴 등을 가상 공간에 저장해 두었다가 사용자에게 알려 주는 것이죠. 현실의 정보가 가상의 공간에서 가공되어 현실세계의 사용자에게 영향을 미치는 구조입니다.

현실 사회에서 라이프로깅 정보는 큰 도움이 됩니다. 소셜 미디어에서 우리는 삶의 순간들을 더 자주 표현할 수 있죠. 매일 기록하려면 번거로운 건강 데이터도 수집하기 좋습니다. 게다가 이렇게 저장해 둔 정보가 후일 자료로 쓰이는 경우도 많습니다. 자동차 블랙박스를 켜 두고 운전하는 것도 라이프로깅인데, 블랙박스에 녹화된 영상은 범죄자를 찾거나 사고 현장을 객관적으로 파악하는 데 좋은 증거가 되죠.

그렇다면 라이프로깅할 수 있는 정보에는 어떤 것들이 있을까요? 개인의 삶을 담은 기록이라면 어떤 것이든 좋습니다. 개인이 촬영한 영상, 녹음한 노래, 위치 정보, 운동 내역, 신체 데이터 등이 모두 가능하죠. 특히 개인의 활동에 대한 데이터 수집은 급격하게 증가하고 있습니다. 사물인터넷(IoT)의 급속한 발전까지 더해져 개인의 데이터는 사실적인 메타버스 공간을 만드는 데 가장 중요한 자산이 될 것입니다.

라이프로깅에는 크게 두 가지 방법이 있습니다. 사용자가 직접 일상을 기록하고 저장하는 **'인지형 기록'**과 앱이나 기기 등이 자동으로 정보를 기록해 주는 **'비인지형 기록'**입니다. 소셜미디어에 사진을 올리고 글을 쓰는 것이나 매일 사진을 찍어 스마트폰 앨범에 보관하는 것은 인지형 기록에 해당합니다. 스마트워치를 차고 생활하며 운동 내역이나 수면 패턴 등 정보를 자동으로 저장하는 것은 비인지형 기록이죠.

> ■ **사물인터넷**
> IoT: internet of things
>
> 우리 주변의 사물들을 인터넷에 연결하여 상호작용하고 데이터를 수집·분석하는 기술을 사물인터넷 또는 IoT라고 합니다. TV, 냉장고, 세탁기 같은 가전제품이나 자동차, AI 스피커 등을 스마트폰 리모컨으로 원격 조정하는 것이 모두 IoT 기술에 해당합니다.

　비인지형 기록을 수집할 때는 스마트워치처럼 몸에 직접 착용할 수 있는 장비를 자주 사용합니다. 이 장비에는 다양한 **센서 기술**이 탑재됩니다. 스마트워치를 착용하고 운동한 내역을 저장하려면 실시간으로 이동한 거리를 확인하기 위한 자이로 센서, 속도를 체크할 수 있는 가속도 센서, 심박수를 재는 센서 등이 필요합니다.

　가정에서 사용하는 '스마트 플러그'도 비인지형 라이프로깅 도구가 될 수 있습니다. 혼자 사는 사람들, 특히 독거노인의 경우 전력량 사용을 확인할 수 있어 유용한 안전 점검 장치가 됩니다. TV나 전자레인지 등 자주 사용하는 가전제품에 설치하면 평균 사용 전력량보다 훨씬 적은 전력량이 측정되거나 사용이 멈춘 경우 아파서 쓰러진 것은 아닌지 확인할 수 있죠. 움직임을 감지하는 센서 기기를 설치하여 아기나 반려동물이 위험하지 않은지 들여다볼 수도 있고, 건강에 좋은 공기를 유지하기 위해 온도와 습도를 관리하는 센서 기기를 설치할 수도 있습니다. 치안이 걱정된다면 집 주변의 CCTV 동작 상태를 체크하면 됩니다. 모든 디지털 정보는 큰 가치를 지닌 라이프로깅 대상입니다.

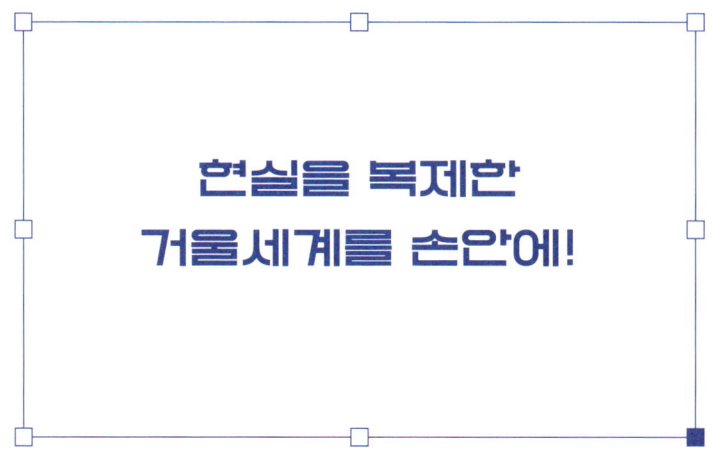

거울세계는 **현실의 정보를 복제**해서 만든 메타버스입니다. 현실의 풍경과 도로 상황 등을 복제해 만든 자동차 내비게이션 속 화면도 거울세계라고 할 수 있죠. 기술이 발전할수록 거울세계는 점점 현실과 비슷해져서 사용자들이 몰입하기 쉬운 환경이 될 것입니다.

지도 앱 '구글 어스'는 대표적인 거울세계 서비스입니다. 구글 어스는 2005년부터 시작된 서비스로, 세계 전역의 위성사진을 수집해 만들었습니다. 일정 주기로 사진을 업데이트하면서 시시각각 변화하는 현실의 모습도 반영하죠. 현실을 복

제하는 거울세계 서비스의 결정체라고 할 수 있습니다. 위성 이미지, 지도, 지형 및 3D 건물 정보 등 전 세계의 지역 정보를 제공하고 있어서 보안이나 기밀 목적으로 차단한 경우를 제외하면 세계의 거의 모든 지역을 손바닥 보듯 볼 수 있습니다. 게다가 30개 이상의 언어로 번역되어 전 세계 사람들이 유용하게 사용하죠. 이렇게 광범위하고 세세한 거울세계를 완성하는 데는 많은 시간과 비용이 듭니다. 구글은 영상지도 제작을 위해 2008년에 5억 달러(약 6,600억 원)의 예산을 들여 '지오아이'라는 위성을 쏘아 올렸습니다. 지오아이에는 우주에서도 지구 표면을 41㎝ 간격으로 구분해서 볼 수 있는 초고해상도 카메라가 장착되어 있습니다. 마이크로소프트가 개발한 '버추얼 어스'라는 지도 서비스나 네이버, 카카오 등에서 만든 영상지도 역시 비슷한 거울세계 서비스죠.

거울세계 기술을 활용한 다른 서비스도 살펴볼까요? 코로나19 팬데믹 기간 동안 집에서 간편하게 시켜 먹을 수 있는

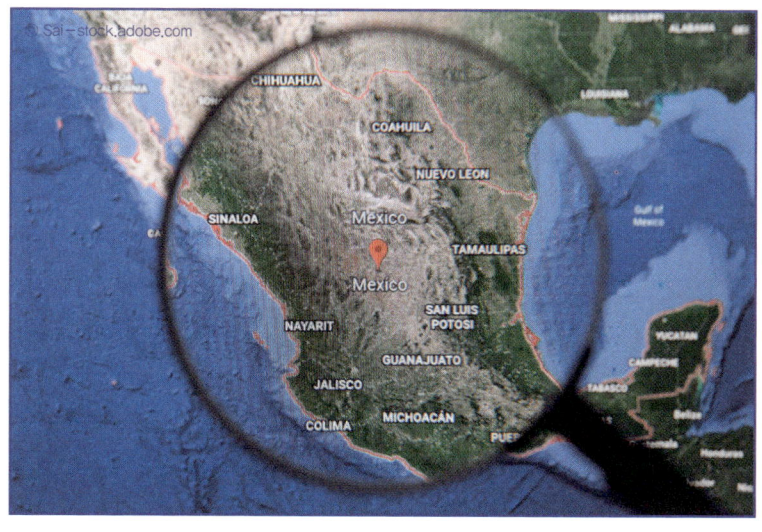

음식 배달 앱이 인기였습니다. 앱을 켜면 지역에 따라 메뉴별 식당 목록이 뜹니다. 주문 접수 후에는 배달원의 위치가 지도에 표시되기도 하죠. 놀랍게도 이 역시 거울세계 서비스입니다. 현실에 존재하는 수많은 식당의 정보를 앱이라는 가상의 세계에 복제해 옮겨 넣었기 때문입니다. '배달의 민족'이나 '요기요' 같은 앱이 이 유형에 속합니다. 전화를 걸지 않아도 음식을 주문할 수 있도록 하고, 서비스 비용으로 식당과 고객에게서 일정 금액을 받아 이윤을 냈습니다. 그 결과 배달 앱

기업들은 크게 성장했습니다. 우리 주변을 둘러보면 비슷한 서비스가 굉장히 많습니다. 택시를 잡는 '우버'나 '카카오택시', 숙소를 예약할 수 있는 플랫폼 '에어비앤비', 렌트카 공유 서비스 '쏘카', 부동산 거래 사이트 '직방' 등은 모두 거울세계 기술을 이용해 크게 성장한 기업들입니다.

실생활에서 사용하는 앱 외에도 **'디지털 트윈'**이라는 기술이 산업 현장에서 유용하게 쓰입니다. 자동차 엔진이나 공장, 빌딩, 도시 등 복잡하거나 거대한 구조물을 메타버스에 구현하는 기술입니다. 실물과 똑같은 빌딩이나 공장 등을 온라인에 만들고, 그 안에서 실제로 일어날 수 있는 문제들을 점검하여 설계 단계에서 결점을 보완합니다.

국내 기업 '네이버랩스'의 사례가 주목할 만합니다. 네이버랩스는 도시 단위의 디지털 트윈 데이터를 구축하는 '어라이크 솔루션'을 공개했습니다. 항공사진과 AI를 활용해 도시의 3D 모델, 차선 정보, 정밀 지도 등 핵심 정보들을 모아 도시 모형을 제작하는 서비스입니다. 도시 전체의 교통량을 미리 파악하여 자율 주행 자동차 운영 가능성을 내다보거나 차선 설계 등을 실험해 볼 수 있죠. 디지털 트윈 기술을 활용하면

도시 계획과 설치물 제작 기간이 많이 줄어듭니다. 넓은 영역을 효율적으로 점검할 수도 있죠. 현실의 정보를 가상 공간에 복제하는 것만으로도 할 수 있는 일은 이렇게나 많답니다.

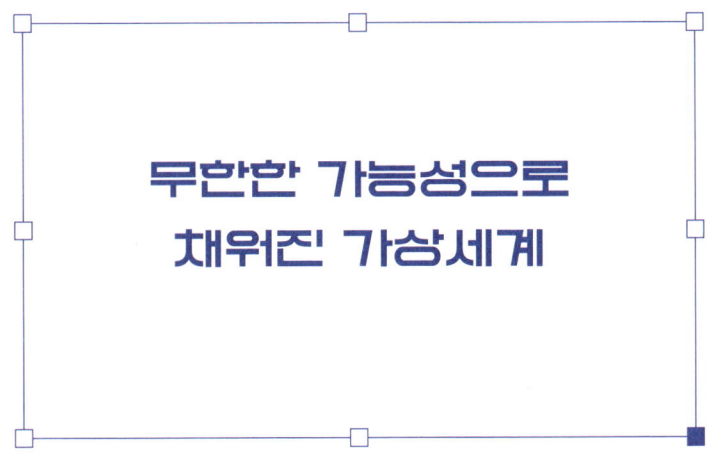

　가상세계의 개념을 이해하기 위해서는 우선 AR과 VR을 구분할 수 있어야 합니다. 두 개념을 다시 한번 짚어 볼까요? 앞서 설명했듯이 AR은 현실의 이미지나 배경에 3차원의 가상 이미지를 겹쳐서 하나의 영상으로 보여 주는 기술입니다. 반면 VR은 자신과 자신을 둘러싼 배경이 모두 가상의 이미지로 만들어진 공간이죠. 컴퓨터 게임으로 예를 들면, AR 격투 게임은 현실의 내가 현실의 공간에서 가상의 적과 대결을 벌이는 형태입니다. VR 격투 게임은 나를 대신하는 캐릭터가 가상세계에서 가상의 적과 대결하는 것이죠. 가상세계는 VR 기술로 만든 메타버스입니다. 즉 컴퓨터가 만들어 낸 현실과 비슷한 가상의 생활 환경을 뜻합니다.

이런 가상세계를 만들려면 인체의 시각, 청각, 촉각은 물론이고 후각과 미각까지 포함한 **모든 감각기관이 인위적으로 창조된 세계에 연결**되어야 합니다. 모든 감각이 나를 속여서 마치 가상세계 안에 있는 것처럼 느끼도록 말이죠. 게다가 가상세계의 생활도 정교하게 다듬어져야 합니다. 우선 아바타들이 직업을 선택하고 물건을 거래하고 경제활동에 쓸 전용 화폐가 있어야 합니다. 다양한 여가 활동과 취미도 즐길 수 있어야 하죠.

현재 우리가 체험하는 가상세계는 대부분 사용자가 아바타를 만들고 이를 관찰자 입장에서 활용하도록 설계되어 있습니다. 하지만 앞으로는 VR 장비를 활용해 현실감을 느끼며 가상세계에서 생활할 수 있도록 기술이 발전할 것입니다. VR 게임 카페에 가면 고글을 쓰고 **1인칭 시점**으로 가상세계를 체험할 수 있듯이 말이죠.

가상의 공간에 사람들이 모일 수 있다면 사회 활동도 가능합니다. 같이 모여 일을 하거나 거래가 이뤄진다는 것은 경제

활동의 기초적인 요소가 갖춰져 있다는 뜻이기도 하죠. 공간의 제약이 없으니 한국에 사는 학생이 미국에 있는 대학의 수업을 들을 수도 있고, 일본에 사는 사람이 한국 회사에 취직해 매일 출근할 수도 있습니다. 가상세계는 점점 더 상업의 중심지가 될 것입니다. 가상 자산도 이미 활발하게 거래되는

세컨드 라이프 안에서 열린 콘서트

중입니다. 가상세계의 가능성은 무한합니다.

대표적인 가상세계 형태의 메타버스로는 '린든 랩'이라는 회사에서 개발하여 2003년에 서비스를 시작한 세컨드 라이프를 들 수 있습니다. 세컨드 라이프에서는 아바타들끼리 이야기를 주고받는 것은 물론, 콘서트도 열릴 만큼 활발하게 상호작용이 이뤄집니다. 돈을 사용하거나 부동산을 거래하는 등 경제활동도 가능하죠. 세컨드 라이프에서 번 가상 화폐를 실제 돈으로 환전할 수도 있습니다. 메타버스의 시대를 열었다는 평가가 무색하지 않을 정도입니다.

　하지만 세컨드 라이프는 다양한 나라의 사람들이 접속하면서 서로 언어가 달라 소통이 되지 않는 문제가 생겼습니다. 게다가 페이스북, 인스타그램, 엑스(예전의 트위터)처럼 스마트폰으로 손쉽게 사용할 수 있는 소셜미디어 서비스가 활성화되면서 한때 경영 위기를 맞기도 했죠.

　다음으로는 메타에서 개발한 '호라이즌'을 짚고 넘어가려고 합니다. 호라이즌은 2021년 12월 북미 지역에서 시작해 2023년에 들어서는 영국, 캐나다, 프랑스, 스페인 등 유럽 국

가까지 확대되어 시범적으로 서비스 중인 메타버스 플랫폼입니다. '크리에이트 모드'가 있어 직접 콘텐츠를 만들 수 있고, 가상세계를 탐험할 수도 있죠. 게다가 회의를 할 때는 VR 기기를 이용해 1인칭 시점에서 아바타를 움직일 수도 있습니다. 같은 방법으로 다른 아바타와 대화를 나누거나 영화를 감상하는 등 일부 활동도 가능합니다. 지금까지 메타에서 선보였던 커뮤니케이션 기능을 모두 적용한 셈이죠.

국내 기업 네이버제트가 개발한 제페토도 유명합니다. 현재 한국, 중국, 일본, 미국 등 200여 개 국가에서 운영되고 있을 정도로 인기가 높습니다. 2023년 누적 가입자 수는 4억 명에 달하며, 월간 활성 이용자 수도 2,000만 명에 달하는 대형 메타버스 플랫폼으로 자리매김했죠. 유명 브랜드나 엔터테인먼트 회사와 제휴하여 아바타의 패션 아이템과 디지털 굿즈를 판매하기도 합니다. 캠핑하거나 함께 춤추며 놀기도 하고 소셜미디어에서 유행하는 챌린지 등을 하며 다양한 활동을 즐길 수 있죠. 제페토 월드라는 다양한 분위기의 공간이 꾸준히 만들어지면서 메타버스가 확장되는 중입니다.

메타버스 기술이 발전하면서 현실세계와 가상세계 모두 빠르게 변하고 있습니다. 온라인에서는 불가능해 보였던 공연, 교육, 경제활동이 메타버스에서 가능해졌고, 메타버스 세계를 기반으로 현실에서 다양한 사업이 태어나고 있습니다. 메타버스 세계와 현실세계가 서로 영향을 주고받는 세상이 되었습니다. 두 세계를 오가며 다채로운 삶을 살게 될 메타버스의 시대가 정말 기대됩니다.

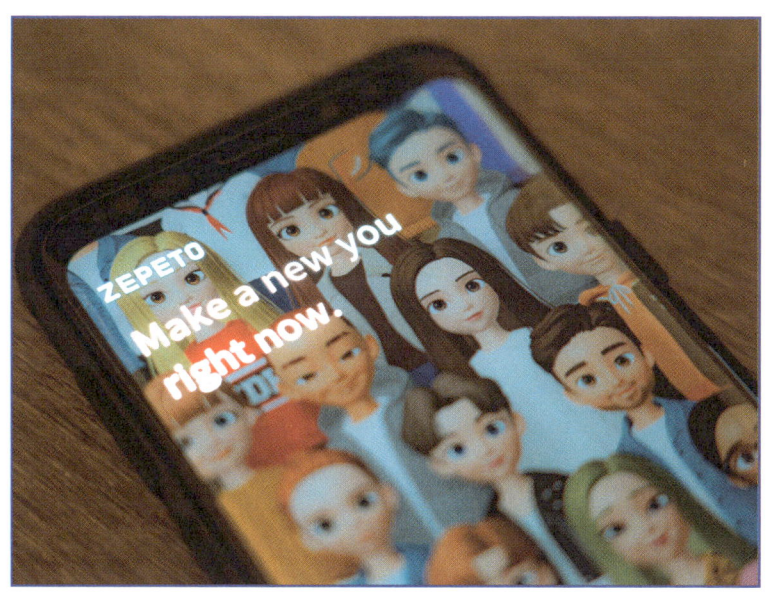

> 생각해 보기

메타버스의 종류 편

현실이 개입되는 비율과 접속하는 방식에 따라 메타버스를 아래 네 종류로 나눌 수 있습니다.

```
                    증강 기술

            ┌─────────────┬─────────────┐
            │     AR      │  라이프로깅  │
            │  포켓몬GO,   │  나이키플러스,│
            │    스노우    │   인스타그램  │
   외재적   ├─────────────┼─────────────┤  내재적
            │   거울세계   │   가상세계   │
            │   구글 어스,  │    제페토,   │
            │      줌      │  마인크래프트 │
            └─────────────┴─────────────┘

                 시뮬레이션 기술
```

여러분이 알고 있는 각 유형의 메타버스에는 무엇이 있나요? 가장 즐겨 사용하는 메타버스 플랫폼은 어떤 것인지, 이유는 무엇인지 이야기해 봅시다.

LOADING . . .

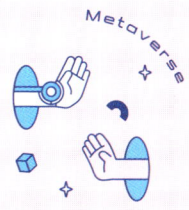

20여 년 전, 그러니까 2000년대 초의 모습은 지금과 얼마나 달랐을까요? 생활 방식이 모두 묻어 있는 거실 풍경을 비교해 보면 바로 알 수 있습니다. 예나 지금이나 거실에는 바깥이 보이는 큰 창이 있고, 식구들이 함께 앉을 수 있는 소파와 탁자가 있습니다. 책장이나 에어컨을 두기도 하죠. 가구와 가전의 디자인은 달라졌지만 거실에 배치한 물건들의 구성에는 큰 차이가 없습니다. 그 시절에 쓰던 가구나 제품들이 고장 나지 않았다면 지금까지 사용해도 모두 제 기능을 하죠.

거실에 놓인 물건 중 가장 많이 달라진 물건은 TV일 것입니다. 20년 전의 TV는 앞뒤로 두꺼워 부피가 컸고, 화면이 작았습니다. 화면이 깜빡거리거나 왜곡되는 현상도 잦았는데 이제는 화질이 많이 개선됐답니다. 가끔 재방송으로 보여 주는 1980년대부터 방영한 드라마 〈전원일기〉나 2002년 드라마 〈겨울연가〉 같은 예전 프로그램을 보면 단번에 차이를 느낄 수 있죠.

화면이 작고 부피가 컸던 옛날 TV

공부방의 풍경은 또 어떨까요? 책상, 의자, 볼펜, 공책 등 우리가 사용하는 필기구는 쓰임새도 디자인도 크게 변하지 않았습니다. 본체, 키보드, 마우스, 스피커 등 컴퓨터의 전체적인 구성과 모양새도 거의 똑같죠. 하지만 모니터의 모습은 정말 많이 변했습니다. 앞뒤로 두툼했던 모니터가 얇아지고 화면은 커졌습니다. 화질도 훨씬 선명해졌죠. 성능이 좋아지면서 부피가 작아지니 공간을 훨씬 쾌적하게 사용할 수 있게 됐습니다.

집뿐 아니라 사무실이나 강의실, 도로 위 자동차 등 다양한 공간에서 우리의 생활상이 어떻게 변했는지 생각해 보면 일상에서 체감하는 변화는 대부분 **디스플레이**의 발

> ■ **디스플레이**
> display
>
> 컴퓨터나 기계가 처리한 데이터를 화면으로 보여 주는 시각적 장치입니다. TV나 컴퓨터, 스마트폰 화면 등을 모두 디스플레이라고 합니다. 메타버스 기술을 완성하는 첫 걸음이 시각적 효과를 구현하는 것이기 때문에 더욱 주목받고 있습니다.

전에서 왔다는 것을 알 수 있습니다. TV나 컴퓨터 모니터 같은 시각 장치 기술이 우리 삶을 눈에 띄게 바꾸어 놓은 것이죠. 왜일까요? 컴퓨터 시스템을 통해 움직인다고 해도 과언이 아닌 이 세상에서는 디스플레이가 컴퓨터와 우리를 연결해 주기 때문입니다. 디스플레이는 컴퓨터뿐 아니라 AI를 활용한 다양한 장치나 센서가 부착된 로봇과 사람을 이어 주기도 합니다. AI와 로봇이 주인공인 4차 산업혁명 세상이 다가오고 있으니 앞으로 디스플레이의 중요성은 더욱 커질 것입니다.

■ 4차 산업혁명
industry 4.0

기술의 발전으로 산업 구조가 완전히 바뀔 때 우리는 '산업 혁명'이 일어났다고 합니다. 1차 산업혁명은 증기 기관, 2차 산업혁명은 전기, 3차 산업혁명은 컴퓨터와 인터넷 등 통신 기술이 발명되어 새로운 시대를 맞이했습니다. 지금은 4차 산업혁명 시대입니다. AI와 로봇 기술을 중심으로 한 새로운 산업 구조가 생겨날 것입니다.

메타버스가 활약하는 시대에는 디스플레이가 핵심적인 역할을 할 것입니다. 메타버스로 접속하려면 반드시 디스플레이를 거쳐야 하기 때문이죠. 아주 먼 미래에 인간의 신경계, 즉 여러분의 두뇌와 컴퓨터 네트워크를 직접 연결하는 기술이 완성된다면 디스플레이의 도움 없이 새로운 세계에 접속할 수 있을지도 모릅니다. 하지만 신경계를 연결하는 상황을 제외하고는 항상 디스플레이 기술이 필요하겠죠.

이번 장에서는 컴퓨터와 AI 기술, 로봇과 메타버스를 관통하는 키워드인 **디스플레이 기술**을 알아보려고 합니다. 4차 산업혁명 이후의 새로운 시대를 맞이하기 위한 걸음을 함께 내디뎌 볼까요?

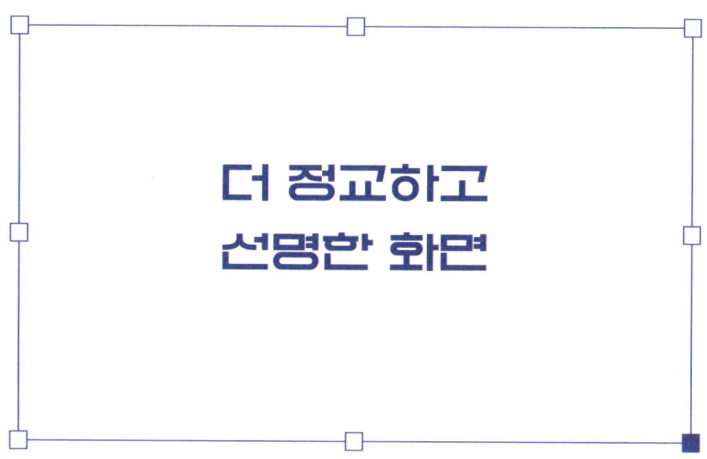

더 정교하고 선명한 화면

메타버스를 체험하는 방법에는 시각을 포함한 후각, 청각 등 다양한 통로가 있지만 대체로 눈으로 보기에 진짜 같은 세계를 만드는 데 주력합니다. 메타버스 시대에 디스플레이가 더욱 중요해지는 이유죠.

디스플레이의 화질이 높아 선명하게 보이는 것을 **해상도**가 높다고 표현합니다. 해상도는 컴퓨터 모니터, TV, 카메라 등 그래픽을 나타내는 장치에 화면이 선명하게 보이는 정도를 의미합니다. 해상도가 높을수록 이미지가 또렷하고 정확하게 보이죠. 해상도가 높다고 해서 좋은 디스플레이라고 단정 지

점묘법으로 유명한 폴 시냐크의 작품 〈생트로페 항구〉

을 수는 없지만, 해상도가 높지 않으면 생생한 영상을 구현할 수 없습니다.

해상도를 이해하기 위해서는 미술 시간에 배운 점묘법을 떠올려 보면 됩니다. 점묘법은 작은 점을 많이 찍어서 그림을 그리는 기법입니다. 점을 더 작게, 더 촘촘하게 찍을수록 그림은 정교하고 선명해지죠. 디스플레이의 해상도를 높이는 방법도 비슷합니다. 디스플레이 장치에 찍혀 있는 점을 **'화소'** 라고 하는데, 화소의 숫자가 높을수록 해상도도 높습니다. 다만 디스플레이는 그림과 달리 찍을 수 있는 점(화소)의 수와 크기가 정해져 있고, 배치도 바둑판처럼 일정합니다.

 디스플레이는 화소의 색깔이나 밝기가 변하면서 화면에 색을 내어 그림과 영상을 출력합니다. 화소는 빛의 삼원색인 빨강, 초록, 파랑 세 가지 빛을 낼 수 있는 물체를 묶어서 만듭니다. 스마트폰 카메라로 TV나 컴퓨터 모니터를 가까이에서

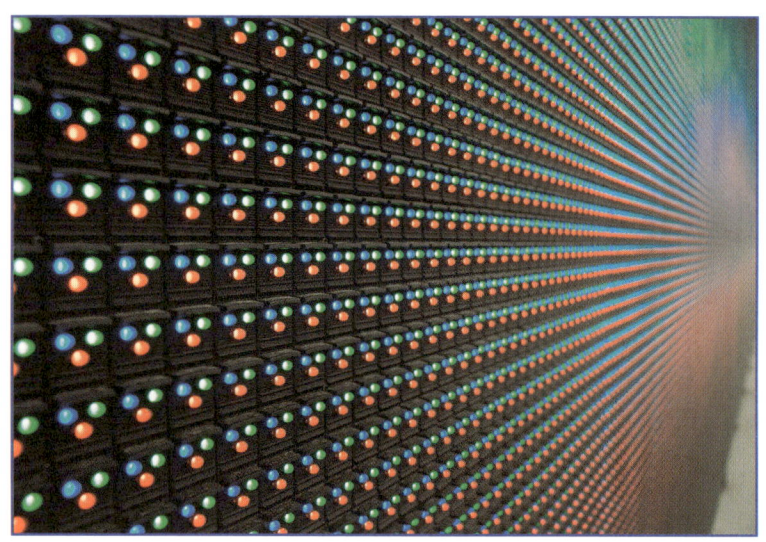

삼원색 빛을 내는 화소

촬영한 다음 확대해 보면 화소의 모양을 확인할 수 있습니다.

　디스플레이의 화질을 결정 짓는 두 번째 요소는 화면 크기와 해상도의 비율입니다. 모니터 크기가 다른 TV 두 대가 같은 해상도를 가지고 있다고 생각해 보겠습니다. 한 대는 100인치가 넘는 초대형이고, 다른 한 대는 14인치 소형 모델이라면 어느 화면이 더 선명하게 보일까요? 다른 조건이 모두 같다면, 14인치 모델에서 화면이 더 선명하게 보일 것입니다. 같은 수의 화소를 더 좁은 면적에 배치했으니 화소가 더 촘촘하고 정교하게 놓입니다. 반대로 화면이 커지면 화소 하나하나가 두드러지기 때문에 화질이 깨끗하지 않습니다.

　이 비율을 나타내는 단위가 있습니다. 가로세로가 모두 1인치 크기인 화면에 있는 화소 개수를 표시하는 'dpi'와 'ppi'입니다. 인쇄물에는 dpi, TV나 모니터, 스마트폰 같은 디스플레이 기기에는 ppi를 사용합니다. 같은 단위면적당 화소의 수를 알 수 있다면 모니터의 면적에 상관없이 화질을 가늠할 수 있죠.

　여기서 알아 두어야 할 것이 있습니다. **눈에서 화면까지의 거리**도 화질에 영향을 준다는 사실입니다. 인간의 눈은 가까

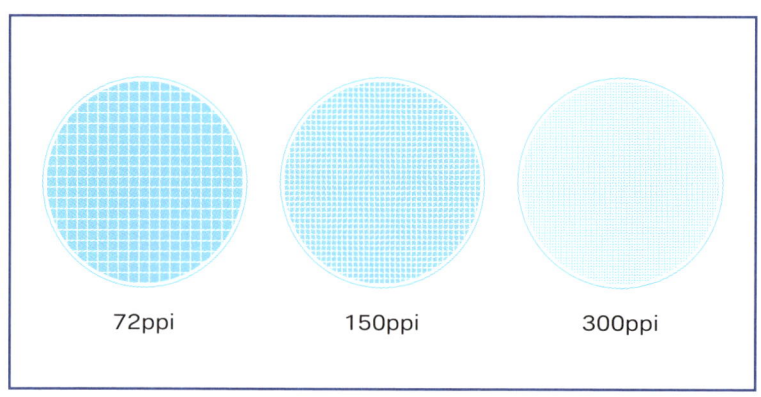

ppi에 따른 화질의 차이

이 있는 대상일수록 섬세하게 볼 수 있고, 멀리 있는 대상일수록 잘 볼 수 없습니다. 우리가 흔히 보는 TV나 대형 모니터의 해상도는 150ppi 정도인 반면, 고화질을 자랑하는 컴퓨터용 모니터 제품은 300ppi에 달하기도 합니다. 이는 먼 거리에서 볼 때보다 가까운 거리에서 볼 때 모니터의 해상도에 우리 눈이 더 민감하게 반응하기 때문입니다.

인간의 시력을 고려했을 때 3m 거리에서 대형 디스플레이 장치를 활용할 경우, 일반적으로는 30ppi 이상의 해상도가 필요합니다. 최고의 성능을 바란다면 73ppi 이상의 해상도를 확보해야 하죠. 메타버스를 체험할 때 필요한 해상도에도 같은 기준을 적용하면, 눈앞에서 바로 영상을 보는 VR이나 AR 장치는 최소 900ppi 이상의 해상도를 확보해야 진짜 세계를 보는 듯한 효과를 줄 수 있습니다. 1,500ppi 이상을 확보하면 최고의 성능을 보인다고 합니다.

인간의 감각은 미묘해서 해상도의 변화를 빨리 눈치챕니다. 일정 수준에 도달하면 만족하는 것이 아니라 ppi가 높을수록 화질이 좋다고 느끼는 것입니다. 하지만 아직 그 정도로 성능이 좋은 제품은 출시되지 않았습니다. 눈앞에 디스플레이를

콘서트장의 대형 디스플레이

두고 메타버스를 체험하는 장치 중에 '오큘러스2'라는 제품이 2022년에 화제였는데, 당시 해상도가 442ppi였습니다. 일반적으로 사용하기에는 문제가 없지만 영상이 또렷하게 보이지 않아 불편했다는 지적이 나왔습니다. 미래형 제품에 대비해 1만ppi 이상의 해상도를 구현하는 기술도 개발되었다고 하니 디스플레이의 해상도 경쟁은 앞으로도 계속될 것입니다.

> **생생하고 또렷한
> 영상을 보고 싶어!**

    영화나 드라마 등 현실이 아닌 장면을 바로 옆에서 일어나는 것처럼 생생하게 느낄 때 우리는 '현장감'이 있다고 말합니다. 화면을 통해 보면서 어떻게 이렇게까지 몰입할 수 있을까요? 가장 간단한 방법은 화면을 크게 만드는 것입니다. 시야에 화면이 꽉 차게 되면 현장감이 높아지기 때문입니다. 물론 해상도가 높아야 생동감 있는 영상이 됩니다.

    여기서 생각을 조금 더 발전시켜 보겠습니다. 아예 방 전체를 디스플레이로 감싸면 어떨까요? 초거대 디스플레이로 공간 내부를 빈틈없이 뒤덮어 메타버스처럼 만드는 것입니다.

어디를 둘러봐도 현장감을 즐길 수 있도록 말이죠. 이 방법의 가장 큰 문제는 막대한 비용입니다. 여기에 음향효과까지 더 하려면 천문학적인 비용이 들어갑니다.

  그래서 사람들은 해상도가 높은 초소형 디스플레이를 사람의 눈 바로 앞에 두는 방법을 생각해 냈습니다. 눈과 화면의 거리가 가까우면 화면이 크지 않아도 시야에 화면이 가득 담기기 때문에 현장감을 느낄 수 있죠. 음향효과도 마찬가지입니다. 고막 근처에서 소리를 내보내는 커널형 이어폰은 스피커가 작아도 소리의 입체감을 효과적으로 묘사합니다.

 이렇게 영상과 소리를 눈과 귀 바로 앞에서 들려주는 장치를 **HMD(head mounted display)**라고 합니다. HMD는 머리에 착용하는 디스플레이라는 뜻입니다. 최초의 HMD는 1968년 미국의 컴퓨터과학자인 아이번 서덜랜드가 개발한 '다모클레스의 검'이라는 착용형 디스플레이입니다. 머리의 움직임을 추적하는 장치를 활용했고, 두 눈앞에 디스플레이를 뒀습니다. 허공에 입체 도형이 보이는 수준에 그쳤지만 최초로 메타버스 기술을 구현한 것이나 마찬가지였죠. CG와

> ▪ **HMD**
> head mounted display
>
> 머리에 착용하는 HMD보다 가볍게 만든 제품으로는 FMD, EGD, NED 등이 있습니다. FMD(face mounted display)는 '얼굴에 착용하는 디스플레이', EGD(eye glasses-type display)는 '안경형 디스플레이', NED(near eye display)는 '안구 근접형 디스플레이'입니다. 머리, 얼굴, 눈 등 착용하는 부위에 따라 다양한 디스플레이가 개발되었습니다.

디스플레이 기술이 발전하기 전이었기 때문에 화질이 불량했고, 기계 자체도 무겁고 커서 직접 착용할 수는 없었습니다. 하지만 이 혁신적인 아이디어가 꾸준히 발전하여 지금의 메타버스 세계가 만들어지고 있답니다.

최초로 상용화된 HMD 제품은 1994년에 등장했습니다. 다모클레스의 검이 출시되고 30년 가까이 흐른 후에야 판매할 만한 제품이 나온 것이죠. HMD의 상용화가 더딘 이유는 기술적인 한계 때문입니다. 사람의 눈 가까이 설치할 만큼 높은 해상도를 갖춘 디스플레이와 생생한 영상을 구현할 수 있는 컴퓨터 시스템을 만들기까지 오랜 시간이 걸렸습니다.

그러나 앞으로는 달라질 것입니다. HMD를 제품화할 수 있을 만큼 디스플레이의 해상도 기술이 발전했고, 초소형 컴퓨터도 성능이 좋아졌습니다. 메타버스가 주목받기 시작하면서 HMD에 대한 수요도 크게 늘었죠. 컴퓨터나 스마트폰 화면을 통해 바라보던 3인칭 시점의 메타버스 세상에서 더 나아가 완전한 몰입감을 주는 1인칭 시점의 메타버스 세계로 들어가고자 하는 욕망도 커졌습니다. HMD는 메타버스 발전과 맞물려 미래 사회의 핵심 기술이 될 것입니다.

VR, 완전한 가상현실을 보여 주다

 메타버스에 접속하는 방식에 따라 사용하는 HMD도 달라집니다. AR 장비와 VR 장비로 나누어 사용하죠. 현실 이미지 위에 필요한 영상을 덧붙여 보여 주는 방식의 AR 메타버스에는 AR 장비를 사용합니다. 반대로 현실과 완전히 차단된 영상을 볼 때는 VR 장비를 쓰죠. 현재 기술 수준에서는 VR 방식으로 메타버스를 체험하는 방식이 더 흔합니다.

 VR 장비의 가장 큰 쓸모는 **'완전한 가상현실의 구현'**에 있습니다. 눈을 완전히 가리고 오로지 영상만 보기 때문에 몰입이 필요한 가상세계 유형 메타버스에 적합합니다. 의자에

센소라마

기대어 앉아 메타버스 세계를 만끽하거나 가상의 스포츠 게임을 즐기는 등 단순한 VR 활용법은 이미 상용화되어 있습니다. VR 게임을 즐길 수 있는 시설도 많이 생겨났죠.

VR 연구는 1968년에 등장한 '센소라마'라는 영상 장치에서 시작했다고 볼 수 있습니다. 4D 영화관에 가 본 적이 있나요? 영상의 내용에 맞춰 의자가 진동하거나 바람, 빗방울 등 촉각적인 효과가 재현됩니다. 3D 안경을 끼고 입체 영상과 함께 감상하면 더욱 생생한 체험이 가능하죠. 센소라마도 비슷한 작동 원리를 갖고 있었습니다. 센소라마는 할리우드에서 촬영기사로 일했던 발명가 모턴 하일리그가 만든 대형 부스입니다. 의자에 앉아 모니터 안에 얼굴을 넣으면 영화를 보며 다양한 감각을 느낄 수 있었습니다. 영상에 맞춰 의자가 움직이거나 진동하는 것은 물론이고, 바람이 분다거나 길

거리 음식 냄새를 맡을 수 있는 등 다양한 자극을 주었죠. VR 기술 발전에 박차를 가하는 발명품이었습니다.

VR 장비가 연구된 지는 50년이 넘었지만, 아직도 메타버스가 현실처럼 생생하게 느껴지지는 않습니다. 좀 더 현실감 있는 VR 체험을 위해서는 디스플레이 기술의 두 가지 과제를 해결해야 합니다. 첫째, 눈앞에서 장시간 보아도 이질감을 느끼지 않을 초고해상도 디스플레이 패널이 필요합니다. 지금까지 개발된 디스플레이도 해상도가 높지만, 화면 속 이미지가 눈앞에 존재하는 것처럼 몰입하기에는 부족합니다.

둘째, 초고해상도 디스플레이 패널 두 개를 사용해 완전히 입체적으로 보이는 영상을 구현해야 합니다. 우리는 두 눈으로 사물을 바라보기 때문에 실제 시야와 같은 입체감을 주려면 촬영할 때 카메라 렌즈를 우리의 눈처럼 양쪽에 배치해야 합니다. 이렇게 찍은 영상을 디스플레이에서 입체감 있게 표현해야 현장감을 느낄 수 있습니다. 현재 판매 중인 VR 장비는 대부분 양쪽 눈에 각각 디스플레이 장치를 제공합니다. 3D 영화의 원리도 이와 비슷합니다. 사람의 시야각을 이용해 생생한 입체 영상을 만드는 것이죠.

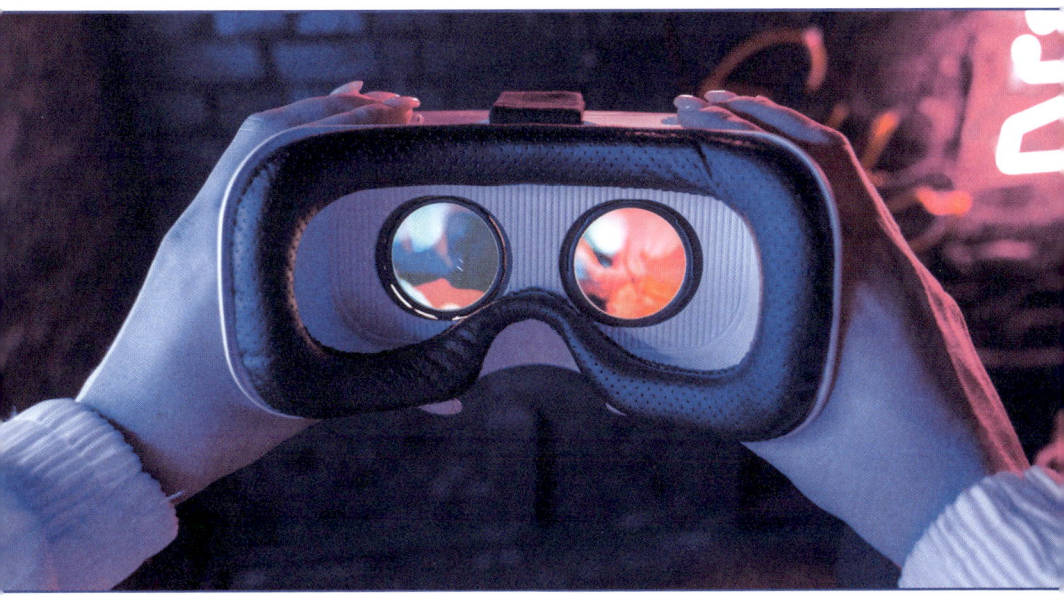

양쪽 눈에 각각 디스플레이 장치를 제공하는 VR 장비

　아직은 이 기술이 완전하지 않아 VR 영상에 현실감이 떨어진다고들 느낍니다. 현재 출시된 VR 장비는 눈에 피로와 불쾌감을 불러일으켜 장시간 사용할 수 없습니다. 심한 사람은 어지럼증이나 구역감을 느끼기도 하죠. 이런 문제를 해결하기 위해서는 인간의 시각에 대한 의학 연구가 더 이뤄져야 합니다. 사람마다 시력도 다르고, 뇌신경과 시신경까지 깊이 이해해야 해결책을 찾을 수 있으니 완벽한 기술을 개발하려면 많은 노력이 필요할 것입니다. VR 장비의 착용감과 화질을 개선하고, 소프트웨어를 개발해 다양한 서비스를 만드는 것이 미래 VR 기술의 관건입니다.

계속해서 미해결 과제가 많다고 얘기했지만, 10년~20년 후에는 VR 장비를 이용하여 메타버스에 접속하는 일이 더욱 많아질 것입니다. 반드시 현장에서 실험과 실습 등에 참여해야 했던 수업도 원격으로 참여할 수 있게 되겠죠. 현재 의학 전공 대학생은 해부학 실습을 하기 위해 학교에 가야 합니다. 그러나 VR 기술이 진일보한다면 메타버스에 접속해서 가상의 학교로 등교하고, 해부학 실습도 할 수 있습니다. 섬세하고 정교한 손재주가 필요한 고난도 실습은 현장에서 이뤄져야 하겠지만, 간단한 수술 방식은 VR 장비를 착용하고 메타버스에서 훈련받을 수 있을 것입니다.

현실에 환상을 더하는 AR 기술

AR 서비스의 대표적인 사례로 포켓몬GO를 꼽았습니다. 길을 걷다가 스마트폰 카메라를 켜 비추면 현실에는 존재하지 않는 포켓몬이 돌아다니고, 화면에 뜨는 포켓볼을 던져 포켓몬을 잡을 수도 있죠. 지도와 연동되어 있어서 건축물이나 시설물에 방문하여 아이템을 얻거나 다른 사용자의 포켓몬과 대결할 수도 있습니다. 현실을 기반으로 즐기는 게임이죠.

AR 기술을 활용한 간단한 게임은 스마트폰을 사용해도 불편함이 없습니다. 하지만 실생활에 밀접한 서비스를 이용하려면 별도의 장비가 필요합니다. 예를 들어 메타버스에서 서로 친

안경 형태의 AR HMD

구를 맺은 사이에는 프로필 정보가 공개되도록 설정하는 서비스를 만든다고 생각해 봅시다. 길을 걷다가 마주친 친구의 이름이 기억나지 않을 때 HMD를 쓰고 있다면 이름과 나이 등 정보가 나타나 금방 대화를 이어 나갈 수 있을 것입니다.

이런 AR 서비스에는 어떤 HMD 장비가 가장 적절할까요? 영화나 애니메이션을 보면 사람들은 안경처럼 생긴 장비를 가장 많이 떠올리는 것 같습니다. 평소에는 안경처럼 쓰고 생활하다가 필요한 경우 투명한 렌즈에 정보나 이미지를 띄우는 것이죠. 투명 디스플레이 기술은 아직 미흡하지만, 개발 중이니 미래에는 가능하다고 볼 수도 있습니다.

AR 장비 개발의 가장 큰 문제는 다름 아닌 **'초점거리'**입니다. 초점거리를 쉽게 설명해 보겠습니다. 눈앞에 손을 들어서 엄지손가락을 편 후에 손가락 뒤의 풍경을 보면 손가락이 시야에서 사라집니다. 손가락을 보면 풍경이 흐릿하게 보이고, 다시 풍경을 보려고 하면 손가락이 잘 안 보이죠. 사람은 초점거리가 다른 두 물체를 동시에 볼 수 없기 때문입니다. 타고난 초점거리가 넓은 사람은 시야에 손가락과 풍경이 모두 들어올 수도 있지만 선명하게 보이지는 않습니다. 팔을 조금씩 구부려 손가락을 눈 가까이 움직이면 두 대상의 거리가 멀어져 초점을 잡기가 더 힘듭니다.

손가락같이 커다란 물체도 이러한데 투명한 안경알 위에 새겨진 작은 글자가 또렷하게 보일 리 없습니다. 결국 투명 디스플레이를 활용한 HMD 타입의 AR 장치를 만들 수 없다는 결론이 나옵니다. 물론 초점 차이를 극복하기 위한 여러 가지 방법이 연구되고 있습니다. VR 장비도 마찬가지지만, AR 장비를 만들기 위해서는 특히 인간이 사물을 바라보고 인지하는 기초 원리를 명확하게 인지하고 있어야 합니다.

AR 기술을 구현하기 위해 반드시 HMD를 거쳐야 하는 것은 아닙니다. 실생활에서 사용하는 것이 아니라면 디스플레이나 프로젝션 장치 등 다양한 방법을 활용할 수 있습니다. 앞뒤에서 모두 같은 화면을 볼 수 있는 투명한 디스플레이를 만들거나 유리창 위에 빛을 반사해 가상의 영상을 보여 줄 수도 있죠. 자동차 유리창에 설치하는 HUD가 대표적인 예시입니다. 지금은 조그만 프로젝터로 속력 등 운행 정보를 표시하는 정도에 그치지만, 앞으로는 더 많은 정보를 표시할 수 있게 될 것입니다.

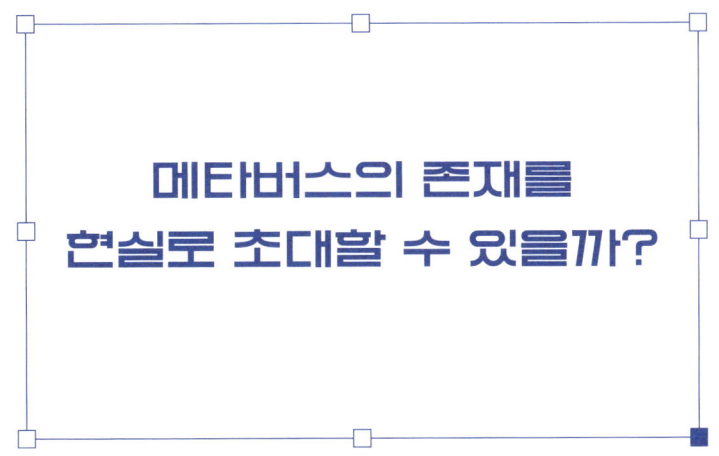
메타버스의 존재를
현실로 초대할 수 있을까?

　VR 기술과 AR 기술은 서로 보완하며 시너지를 낼 수 있습니다. 이 두 기술이 합쳐져 만들어지는 세상을 '혼합현실' 또는 'MR'이라고 합니다.

　MR은 현실에 완전한 가상의 존재를 불러올 수 있는 기술입니다. 쉽게 말해, 메타버스 속 아바타를 집에 초대할 수 있는 것이죠. 어린이와 청소년은 볼 수 없긴 하지만, 영화 〈킹스맨〉에 MR 기술이 잘 표현되어 있습니다. 특수요원들이 회의하는 장면에 아무도 없는 회의실이 비춰집니다. 주인공을 비롯한 몇 사람이 안경을 쓰면 탁자 앞 빈 의자에 사람들의 모습

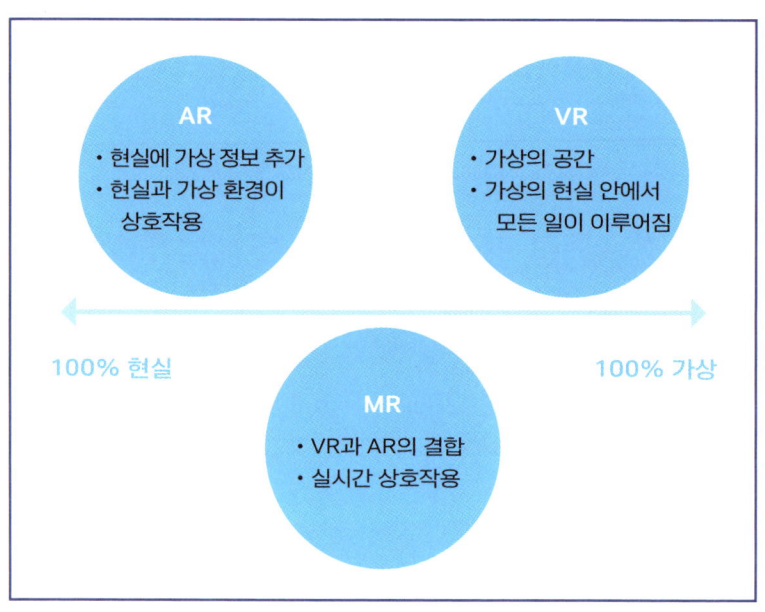

VR, AR, MR의 관계도

이 나타나죠. 실제로 앉아 있는 사람은 서너 명뿐이지만 다른 요원들도 마치 현장에 있는 것처럼 보입니다. 회의를 마치고 나면 언제 그 공간에 있었냐는 듯 다시 한 사람씩 사라집니다.

MR 기술은 미래에 어떻게 쓰일까요? 영화에서처럼 회의할 때는 물론이고 산업 현장에서도 적극적으로 이용할 수 있습니다. 자동차 공장에서 일하는 사람이 마지막 엔진 점검 단계만 제외하고 모든 조립을 다 마쳤다고 가정해 봅시다. 엔진을 넣어 차에 시동이 제대로 걸리는지 확인해야 하는데, 엔진을 일일이 넣었다 뺐다 하면서 테스트를 반복하면 일도 고되고 시간도 오래 걸리죠. 이때 MR 기술을 이용하면 편리합니다. 엔진이 들어갈 자리가 정확하게 맞아떨어지는지, 시동이 제대로 걸리는지 미리 시험해 볼 수 있습니다. 즉 MR 기술로 엔진을 점검할 수 있다면 엔진을 최종적으로 한 번만 설치하면 되는 것입니다.

이처럼 가상과 현실의 구분이 사라진 세상에서는 AR, VR, MR 기술을 일일이 구분 짓는 것 자체가 무의미해질 것입니

다. 현실세계의 내가 메타버스 속 AI 선생님의 도움을 받을 수도 있고, 메타버스 직장에서 얻은 수입을 현실 속 화폐로 바꾸기 위해 현실의 온라인 은행 계좌에 접속할 수도 있습니다. AR이나 MR 기술을 활용해 현실과 메타버스의 정보를 서로 교환할 테죠. 어쩌면 먼 미래에는 VR 장비와 AR 장비의 구분이 사라질지도 모릅니다.

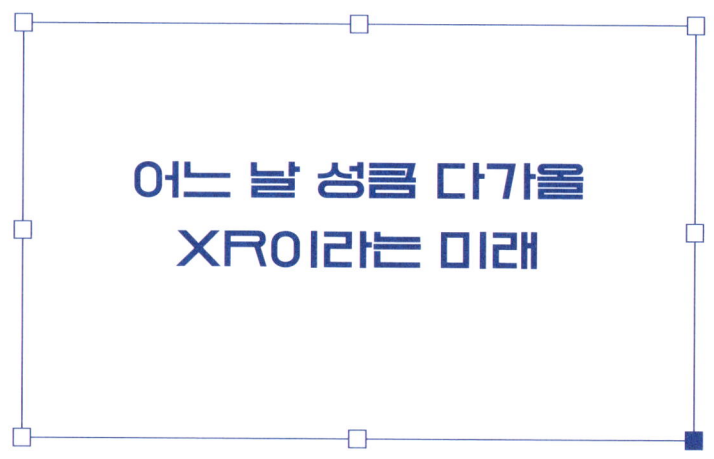

어느 날 성큼 다가올 XR이라는 미래

MR과 VR, AR이 하나로 어우러져 작동하는 생태계를 통틀어 **'확장현실(XR: extended reality)'**이라고 합니다. VR과 AR이 어우러진 개념을 이미 MR이라고 규정했는데, 이 세 가지 기술을 통합하는 개념이 왜 또 필요할까요? 이는 메타버스라는 개념을 확장해서 이해하기 때문입니다. 메타버스를 단순히 현실과 동떨어진, 쉽게 접속했다가 연결을 끊을 수 있는 공간이라고 생각한다면 일반적인 VR 장비나 AR 장비를 활용하는 것만으로 충분합니다. 하지만 메타버스를 '현실의 확장' 혹은 '현실에서 발생하는 한계의 극복'이라는 의미에서 본다면 XR이라는 개념이 아주 중요해집니다.

　XR이 완전히 정착된다면 현실에서 공간의 제약이 많이 사라질 것입니다. 예를 하나 들어 볼까요? 학교나 회사에 다니는 사람들은 병원을 방문할 시간이 잘 나지 않습니다. 그럴 때마다 **원격진료**가 필요하다는 생각이 간절해지죠. 하지만 대면 진료가 아니어도 안전하고 꼼꼼하게 진료받을 수 있을지 의문이 들곤 합니다. 코로나19 바이러스가 극성일 때에도 전화 통화로 간단히 진료받는 경우가 있었지만, 환자가 설명한 증상에만 따른 처방이라는 아쉬움이 있었습니다.

　XR 기술이 발전하여 원격진료가 정착되면 이야기가 달라집니다. XR 원격진료 방식은 크게 두 가지로 나누어 생각할 수 있습니다. 첫 번째는 **집에서 스스로 의사와 소통하는 방법**입니다. 병원에 모니터를 여러 대 설치하고 환자가 손에 스마트폰 등의 카메라로 환부를 찍은 화면을 연결하여 확인하는 '간이 검사'죠.

　두 번째는 **원격진료실**을 이용하는 방법입니다. 스스로 간이 검사를 진행할 수 있는 여건이 아니거나 누군가의 도움이 필요한 경우, 정밀한 진찰이 필요한 경우에는 병원 진료실처

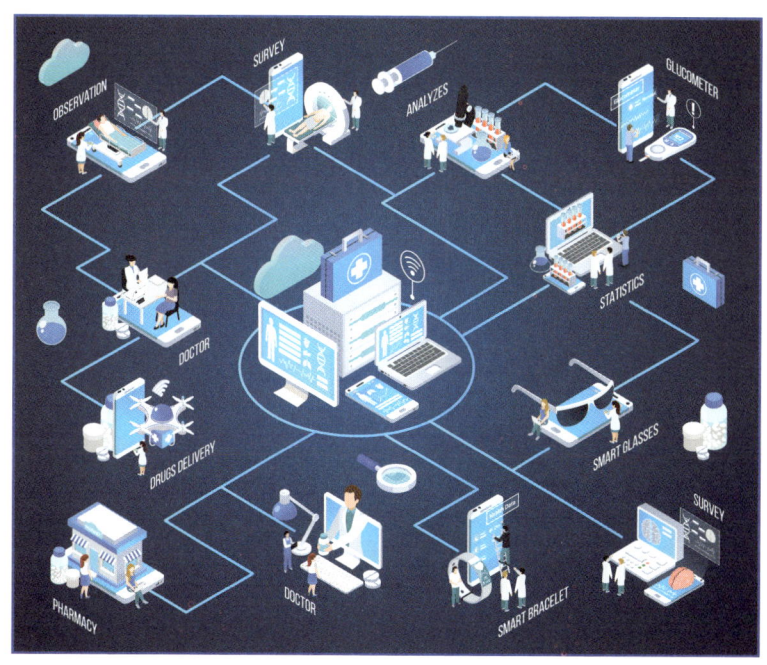

럼 만든 원격진료실을 이용할 수 있습니다. 원격진료실에는 고성능 카메라 여러 대와 혈압과 맥박 등 다양한 신체 정보를 확인할 수 있는 센서가 설치돼 있어야겠죠. 의사는 HMD를 착용하고 MR 영상을 이용해 환자의 다양한 증상과 상태를 눈앞에 있는 것처럼 살펴볼 수 있습니다. XR 기술에 능숙한 원격진료 전문 의사도 양성할 것입니다.

이 밖에도 XR 기술을 이용해 삶을 더욱 편리하게 만드는 다양한 서비스를 생각해 볼 수 있습니다. 해외에 있는 가족과 MR을 이용해 같은 식탁에서 식사한다거나(물론 음식은 각각 준비해야겠지만) 재택근무 중인 직장인과 사무실에 있는 직원이 같은 공간에서 자유롭게 의견을 나누는 것 등 공간적 제약을 뛰어넘는 일이 자연스럽게 이뤄질 테니 말이죠.

XR이라는 개념을 자유롭게 활용하려면 한 가지 조건이 필요합니다. 바로 **'입력장치'**가 있어야 한다는 점입니다. HMD는 기본적으로 콘텐츠를 사용하기 위한 인터페이스˙입니다. 사용하는 사람의 행동을 장비에 전달하면, 메타버스에서 활동하며 느끼는 오감이 신체에 다시 전달됩니다. 즉 VR 장비를 착용하고 게임 속에서 검을 휘두르면 사용자가 검을 휘두

> ▪ **인터페이스**
> interface
>
> 기계와 기계, 사람과 기계를 연결해 주는 장치를 의미합니다. 컴퓨터를 사용하기 위해 필요한 모니터, 키보드 같은 장치나 키보드와 마우스 없이 스마트폰을 사용하기 위해 개발된 터치 스크린 등이 우리가 흔히 보는 인터페이스입니다.

르는 느낌을 현실에서도 그대로 받는 것입니다.

그러려면 사용자의 신체 움직임을 추적할 기기가 필요합니다. 시각 장치인 HMD에 필요한 대표적인 기능은 장치를 착용한 **머리의 이동을 추적**해 시선을 따라가는 기술입니다. 가상의 콘텐츠 공간에 몰입한 사용자가 눈길을 돌리는 방향에 맞춰 영상을 출력해야 하죠. 손의 움직임을 인식하는 **'핸드 트래킹' 장치**도 있습니다. 다양한 센서를 내장한 장갑이나 여러 센서가 들어 있는 막대형 장비 등 여러 형태가 있습니다.

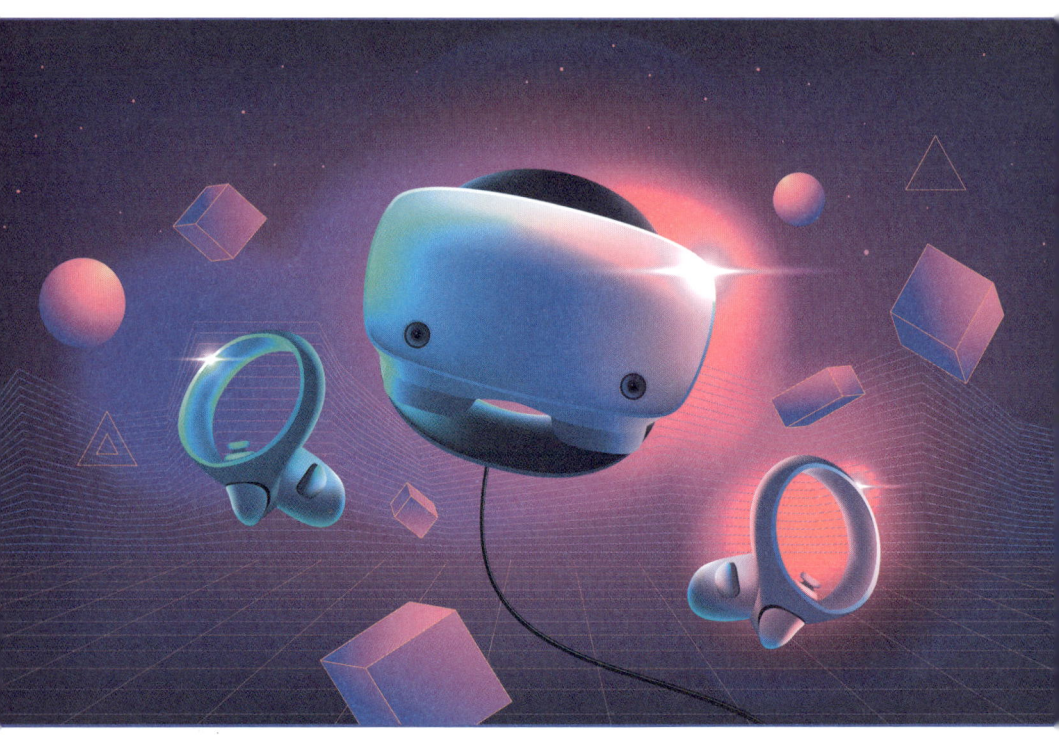

앞으로 XR이 체계화되고 현실에 뿌리내리면 인간과 기계를 연결할 수 있는 기술은 더욱 다양해질 것입니다.

메타버스의 현주소는 이런 상상과는 거리가 있습니다. VR 서비스는 아직 초보적인 수준이죠. 전문가들은 VR이 완전히 대중화되려면 10여 년, AR이 대중화되기까지는 20년 이상의 시간이 필요하다고 말합니다.

그렇다면 XR 기술은 실현 가능한 상상일까요? 이미 다양한 메타버스 서비스가 출시되어 있고, 새롭게 개발되는 기술들은 즉시 메타버스 서비스에 반영됩니다. 이는 메타버스 생태계가 갖춰져 가고 있다는 의미입니다. 앞으로 초고속 네트워크가 더 널리 보급되고 성능이 더욱 뛰어난 컴퓨터 시스템도 등장할 것입니다. 메타버스 접속을 위한 디스플레이 장치와 동작 인식 기술도 눈부시게 발전하겠죠. MR, XR 기술에 필요한 기초 기술들이 먼저 정착되면 메타버스 세상은 우리의 기대보다 빠르게, 성큼 다가올 것입니다.

생각해 보기

디 스 플 레 이 편

IT 업계에서는 디스플레이 기술에 주목하고 있습니다. 눈에 쓰는 안경형 디스플레이, 피부에 붙여서 사용하는 디스플레이, 공간을 채우는 디스플레이 등 생생한 영상을 체험하기 위한 노력은 끝이 없습니다. 영화에는 공중에 띄워서 볼 수 있는 투명 디스플레이도 종종 등장합니다. 버튼 하나로 화면을 켜서 공중에 띄우면 좌우로 화면을 이동시키거나 여러 화면을 겹쳐서 보기도 하고, 앞뒤로 회전시킬 수 있죠.

디스플레이가 발전한 미래에는 어떤 형태의 기기가 발명될까요? 여러분이 상상한 디스플레이의 미래를 이야기해 보세요.

4
AI와 함께 살아갈 메타버스 세상

LOADING . . .

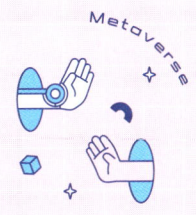

　가끔 TV나 동영상이 재생되는 도중에 영상을 보게 되면 제목도 모르는 영화나 드라마를 접하기도 합니다. 언제 만들어진 작품인지조차 알 수 없을 때도 많죠. 한국 영화라면 배우들의 나이를 보고 그나마 유추해 볼 수 있는데, 외국영화는 도무지 종잡을 방법이 없습니다.
　그럴 때는 등장인물이 사용하는 **통신수단**이 힌트가 됩니다. 전화를 걸기 위해 공중전화를 찾아다닌다면 30년도 더 된 영화일 확률이 높고, 통화 기능만 있는 구식 핸드폰을 사용한다면 20여 년 전에 만들어진 영화일 테죠. 등장인물들이 스마트폰을 자유롭게 사용하고 있다면 10년 이내에 개봉한 영화일 것입니다.

　세상의 모든 기술은 흥망성쇠가 있기 마련입니다. 핸드폰이 처음 세상에 나왔을 때 이렇게 금방 사라질 것이라고 예상한 사람은 없었습니다. 스마트폰에 핸드폰의 기능이 남아 있긴 하지만, 통화가 되는 휴대용 컴퓨터에 가깝죠. 스마트폰도 언젠가는 핸드폰처럼 **다음 세대의 물건으로 대체**될 것입니다. 새로운 시대의 기계는 어떤 기능을 갖고

있을까요?

　인간은 **시각**에 크게 의존합니다. 컴퓨터 장치도 점점 인간의 눈과 가까운 형태로 발전해 왔습니다. 초기에는 커다란 방을 가득 채우던 컴퓨터가 책상 위에 놓을 수 있는 크기로 작아지면서 화면이 가까워졌습니다. 이제는 무릎 위에 둘 수 있는 노트북컴퓨터와 손바닥만한 스마트폰까지 개발되었죠. 점점 눈과 가까이 둘 수 있는 컴퓨터를 만든 것입니다. 이런 경향을 봤을 때 차세대 컴퓨터는 바로 눈앞, 즉 안경 렌즈 위로 올라올 것이라는 전망이 우세합니다.

　안경형 컴퓨터는 콘텐츠 감상용 VR 기기와 AR 기기, 그리고 이 두 가지가 합쳐지며 진보한 MR 기기 형태로 발전해 나갈 것입니다. 여기에 통신수단 기능이 더해지겠죠. 지금 우리가 들고 다니는 스마트폰은 몸에 입는 스마트 장치로 변할 것입니다.

　앞으로 수십 년이 지나면 '등장인물이 스마트폰을 사용하다니, 최소 2010년대 이후에 개봉했던 영화겠지!' 하고 생각할 날이 올 것입니다. 우리가 살아갈 미래는 과연 어떻게 변할지 함께 상상해 봅시다.

메타버스 세상에서 활약하는 AI

메타버스는 문화의 중심에 자리 잡았습니다. 2020년 제페토에서 열린 블랙핑크 팬 사인회에는 전 세계에서 팬 4,600만 명이 몰려들었습니다. 세계적인 래퍼 트래비스 스콧은 같은 해 '포트나이트'라는 메타버스 게임 플랫폼에서 45분 동안 콘서트를 열었는데, 2,770만 명에 달하는 관중이 모였죠. 이를 통해 벌어들인 수익은 2,000만 달러(약 260억 원)가 넘는다고 합니다. 그해 BTS도 신곡 '다이너마이트'의 뮤직비디오를 메타버스 플랫폼 포트나이트에서 최초로 공개했습니다. 메타버스 아바타와 디지털 메타버스 상품을 통해 올린 수익도 500

억 원 이상이라고 합니다.

　메타버스는 게임과 문화 산업에서 인기를 끌고 있습니다. 코로나19 팬데믹 기간에 자가격리 정책이 실행되면서 외출을 할 수 없는 특수한 상황이 맞물려 교류 수단으로도 크게 활약했죠. 하지만 일상이 회복된 후에는 메타버스에 대한 관심도 자연스레 줄었습니다. 직접 만나는 것이 더 재밌다고 생각하는 사람들이 많아진 것입니다.

　메타버스에 대한 사람들의 관심이 조금 낮아졌다고 해서 기술 발전의 흐름이 바뀌지는 않습니다. 우리가 살아가는 세상

은 점점 더 넓어져야 하기 때문이죠 미개척 분야에 대한 인간의 호기심은 끝이 없습니다. 탐험과 개척, 개발을 통해 발을 딛고 살아갈 수 있는 땅을 넓히는 일이 계속 이뤄진 이유죠. 하지만 세계적 미개척지가 거의 남아 있지 않으니 이 방법에는 한계가 있습니다. 대안은 메타버스로 영역을 확장하는 것입니다. 게다가 메타버스에서는 현실에서 불가능한 일도 얼마든지 할 수 있습니다. 세상은 결국 메타버스를 필요로 할 것입니다. 메타버스를 인터넷과 스마트폰에 이은 '**세 번째 IT 혁명**'이라고 이야기하는 것은 바로 이런 이유 때문입니다.

가까운 미래에는 어떤 모습이 펼쳐질까요? 미래의 기술은 AI를 중심으로 발전할 것입니다. 현실세계에서 AI는 로봇이라는 기계를 통해 일하고, 사람과 소통합니다. 메타버스에서는 AI가 가상인간이 되어 활동할 것입니다. **AI 가상인간**은 방송인, 작가, 마케터 등 다양한 직업에 종사하며 업무를 처리할 수 있습니다. 컴퓨터 게임 속에서 안내를 하거나 과제를 주는 'NPC(non-player character)'와 비슷하게 메타버스에 늘 존재하면서 능동적으로 학습하며 스스로 발전할 것입니다.

10여 년이 지난 미래에 우리가 만나고 소통할 존재는 크게

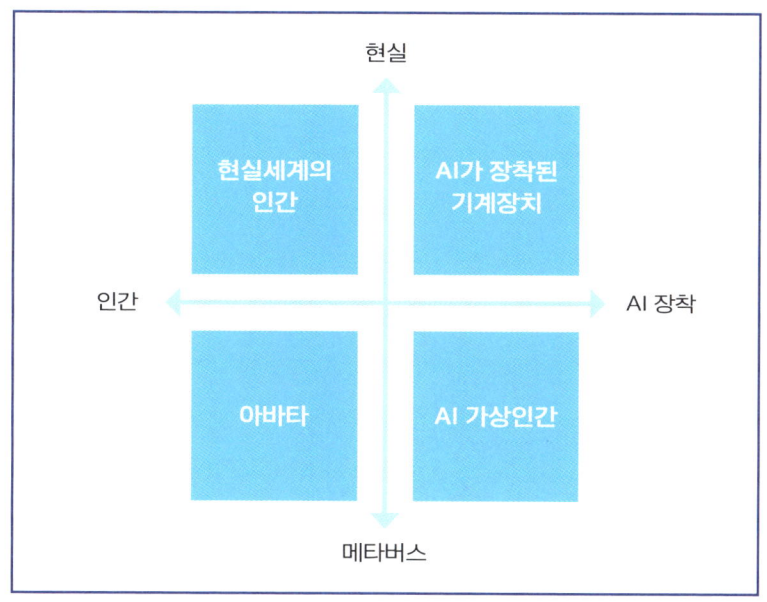

미래에 우리가 소통할 네 가지 존재

네 가지로 구분할 수 있습니다. 우리는 ❶**현실세계의 인간**입니다. 그리고 공장이나 군부대에서 일하는 로봇, 공항이나 식당에서 일하는 서비스 로봇 등 ❷**AI가 장착된 기계장치**와 함께 살아가고 있죠. 메타버스 세상에서도 친구를 ❸**아바타**의 형태로 만납니다. 겉으로 보기에는 아바타지만 사실은 '메타버스 속 인간'이죠.

그렇다면 ❹**AI 가상인간**은 어떤 경우에 만날 수 있을까요?

제페토 아바타

  개발자가 메타버스 세계를 유지하는 인력으로 AI를 장착한 가상인간을 만들어 넣을 수 있습니다. 실제로 챗GPT˙와 같은 고성능 AI의 등장으로 사람처럼 대화하고 스스로 판단할 수 있는 시스템이 등장했죠.

  미국 스탠퍼드 대학교와 구글 연구진은 AI 아바타 25명이 생활하는 '스몰빌'이라는 가상 마을을 개발했습니다. 인간의 개입 없이 AI 아바타가 어떻게 생활하는지 관찰하는 실험이었죠. 연구진들은 아바타들의 정체성, 아바타 간의 관계, 대략적인 일과만 설정하고 자유롭게 활동하도록 했습니다. 놀랍게도 AI 아바타들은 사람처럼 자율적으로 행동했습니다. 스스로 일정을 조정하고 서로 활발하게 교류했죠. 한 아바타가 파티를 열고 싶다고 하자 다른 아바타가 파티 준비를 돕겠다며 나서기도 하고, 다른 아바타를 초대하기도 했습니다. 파티를 주최하는 아바타에게 연주회 시간과 겹쳐 참석이 어렵다고 거절하는 사교 활동까지 관찰됐죠. 다른 아바타의 행동을 통해 의미를 추론하여 말을 건네기도 하고, 데이트를 신청하는 등 다양한 방식으로 소통하며 아바타끼리 관계를 쌓는 모습을 보였습니다.

■ 챗GPT
chatGPT

미국의 기업 오픈AI가 개발한 대화형 AI 서비스입니다. 인간과 나눈 채팅 내용을 바탕으로 지식을 쌓아 발전합니다. 챗GPT의 등장은 단순히 지시 사항만 수행하는 AI를 넘어 새로운 가치를 만들어 내는 '생성형 AI'의 가능성을 보여 주었습니다.

만약 AI가 더 정교해지고, AI 아바타가 교류하는 장소에 인간이 아바타로 참여한다면 어떻게 될까요? 반대로 인간이 만든 세상에 AI가 장착된 로봇이 사람과 교류하며 살아가는 세상은 어떤 모습일까요?

2016년 10월부터 2022년 8월까지 방영된 미국 드라마 〈웨스트월드〉는 이런 미래를 상상했습니다. 인간은 '호스트'라고 불리는 AI 로봇들이 주민으로 살아가는 세상에 '여행객'으로 방문할 수 있습니다. 모험과 스릴을 즐기는 대가로 큰 비용을 지불하고 말이죠. 이 드라마에서 호스트는 사람과 같은 지능과 자아를 갖추고 있습니다. 자신이 로봇인지 모른 채 설계된 성격과 직업에 맞춰 살아가죠. 드라마 속 호스트는 스몰빌에 사는 아바타들과 많이 닮았습니다.

100년도 훌쩍 지난 먼 미래가 온다면, 앞서 말한 네 존재가 **서로의 존재를 인정하면서 어울려 살아가는 사회가 형성될 것**입니다. 십수 년만 흘러도 현실세계의 인간과 AI가 장착된 기계는 활발히 교류할 것이고, 메타버스 속의 아바타와 AI 가상인간도 우리 삶에 영향을 미칠 것입니다.

에스토니아라는 유럽의 한 나라에서는 AI를 이용해 재판을 치르기도 합니다. 물론 중대한 사안은 사람이 직접 재판하지만, 경미한 범죄의 경우에는 사람이 AI 프로그램을 이용하여 판결을 내립니다. 훗날 고성능 AI가 등장한다면 사람의 개입 없이 자동으로 판결이 이뤄지는 시스템이 생길지도 모르는 일이죠.

현대 사회는 이미 컴퓨터 시스템에 의해 움직입니다. 집 안의 많은 제품이 인터넷과 연결되는 스마트 제품으로 재탄생하고 있죠. 자동차, 로봇, 드론도 모두 컴퓨터의 명령을 받습니다. 이런 시스템을 사람이 일일이 통제하는 것은 비효율적

입니다. 늘어나는 교통량을 관리하기 위해 도시 전체의 교통을 통제하는 시스템을 새롭게 개발했다고 가정해 보겠습니다. 사람이 일일이 모니터를 바라보며 시스템을 조작한다면 판단도 느려지고 인력도 많이 필요할 것입니다. 이때 AI 가상 인간을 직원으로 고용해 사람과 함께 일한다면, 짧은 시간 안에 최적의 판단을 내려 도시 전체의 신호등을 조작할 수 있겠죠. 미래에는 인간과 AI의 협업으로 효율적인 의사 결정이 이뤄질 것입니다.

　AI가 사회 구성원의 역할을 할 미래가 머지않았습니다. 현실세계와 메타버스 두 곳에서 모두 활약하겠죠. 앞으로 AI나 로봇, 가상인간은 인간과 함께 새로운 세상을 만들어 나갈 것입니다. 메타버스 기술이 완전히 정착된 세상에서 우리는 새 구성원을 맞이할 준비를 해야 합니다.

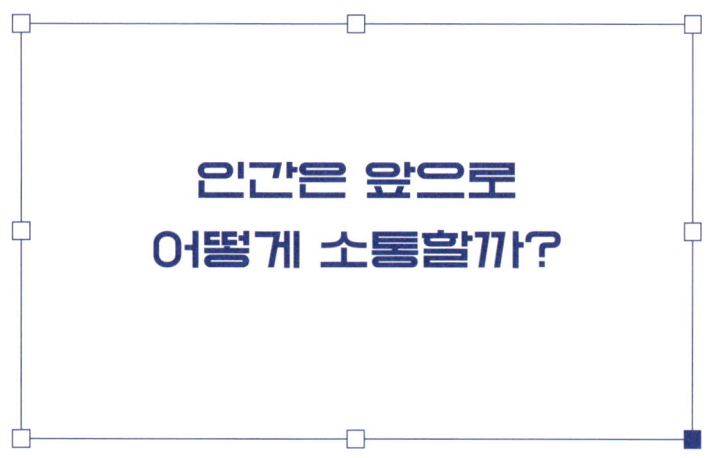

인간은 앞으로 어떻게 소통할까?

　지금까지 메타버스가 세상을 어떻게 확장해 나갈지, 그 안에서 우리는 어떤 새로운 존재들을 만날지 이야기했습니다. 그렇다면 앞으로 인류는 어떤 통신수단을 이용해 서로 소통하게 될까요? 스마트폰이 사라질 미래의 모습을 상상해 봅시다.

　미래학자 레이 커즈와일은 2006년 《특이점이 온다》라는 책에서 2020년대 후반이 되면 메타버스는 현실과 구분을 할 수 없을 정도로 정교해진다고 말했습니다. 예상과 달리 2020년대 중반인 지금도 메타버스 기술은 한창 발전 중입니다. 50년 뒤에는 현실같이 생생한 메타버스가 등장할 수도 있겠죠.

완벽한 메타버스 세상을 만들기 위해서는 지금보다 뛰어난 디스플레이 기술이 개발되어야 합니다. 메타버스 세상에 접속하는 방식도 바뀌어야 하죠. 장비의 도움을 받는다는 느낌이 적을수록 메타버스에 몰입하기 쉽습니다. 인간의 두뇌를 그대로 컴퓨터에 연결하여 메타버스의 정보를 느낄 수 있는 기술이라면 생생하게 오감을 느끼며 메타버스를 체험할 수 있을 것입니다. 이런 기술을 **뇌·컴퓨터 연결 기술**(BCI: brain-computer interface)이라고 합니다. 사람의 뇌를 컴퓨터와 직

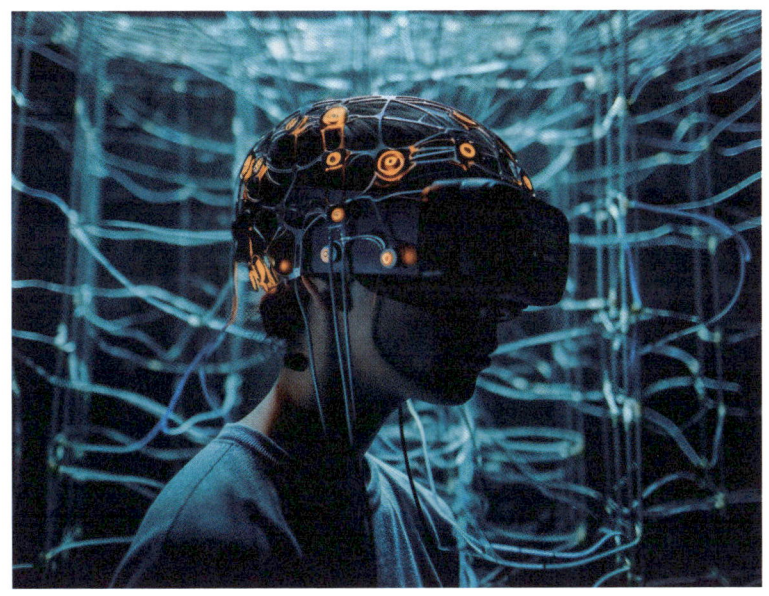

접 연결하고 뇌파를 이용해 컴퓨터를 작동시키는 것이죠. 눈을 감고 누워 있으면 우리 뇌는 꿈을 꾸듯 메타버스 세상을 자유롭게 여행할 수 있습니다.

  이런 일이 어떻게 가능할까요? 우리 몸의 신경계는 전기신호를 사용해 신경세포 간 정보를 주고받습니다. 근육의 수축과 이완, 심장 박동, 면역 세포와 외부 세포의 상호작용 등도 모두 몸에서 발생하는 전기로 조절하죠. 이런 의미에서 보면 사람의 몸은 전기로 움직이는 거대한 컴퓨터와 같습니다. 우리 몸 안에서 전기신호가 전달되는 방식을 분석하면 컴퓨터와

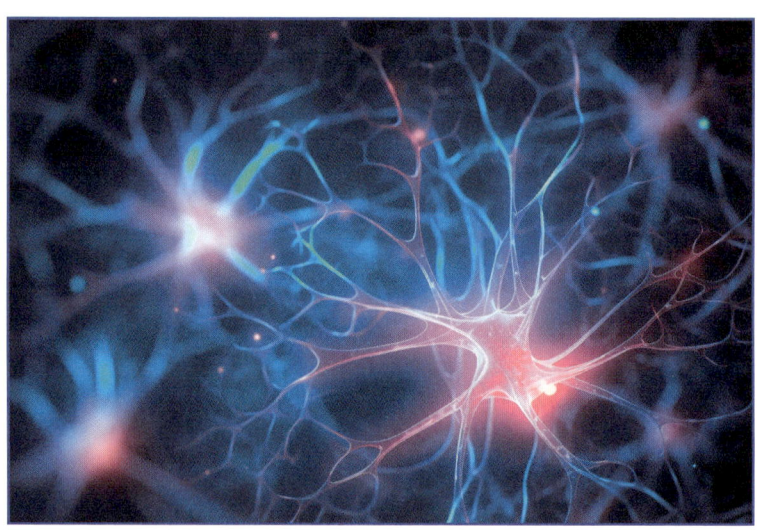

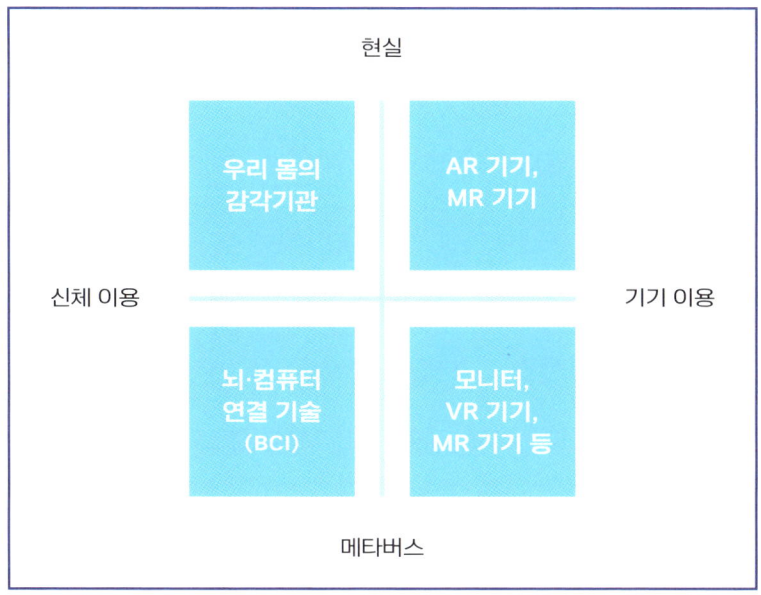

메타버스 접속 방식에 따른 수단

뇌파 사이의 전기 자극을 활용하는 BCI 기술도 발전시킬 수 있을 것입니다.

BCI 기술은 기존의 디스플레이로 메타버스에 접속하는 방식이 가진 약점을 극복하는 열쇠입니다. 고해상도 디스플레이를 발명해야 하는 과제가 해결되고, 시각 외의 감각도 효과적으로 전달할 수 있죠. 메타버스가 더욱 현실적으로 느껴지고, 즉각적인 소통도 가능해질 것입니다.

메타버스와 현실세계에서 사용할 소통 수단은 크게 네 가지로 나눌 수 있습니다. 여기서 가장 중요한 것은 **메타버스에 접속하는 방법**입니다. 어떤 디스플레이 장치를 활용하는지, 신체에 바로 적용하는지에 따라 소통 방식도 달라지죠.

❶**우리 몸의 감각기관을 사용**하는 소통은 일상에서 보디랭귀지 혹은 대화를 나누거나 편지를 주고받는 등의 상황을 뜻합니다. 눈으로 보고, 귀로 듣고, 피부로 느끼는 '생물학적 소통' 방법이죠. 이메일이나 카카오톡, 페이스북 등 소셜미디어로 소통하는 방법도 이 유형에 해당합니다. 컴퓨터나 스마트폰 등 디스플레이를 거치기는 하지만 우리 감각기관에 자극을 주기 위한 '정보전달의 수단'으로 활용하는 것이기 때문이죠. 편지와 이메일 모두 눈으로 글자를 읽기 위함이라는 점에서는 같습니다.

❷**AR 장비 혹은 MR 장비를 이용한 소통** 방식은 디스플레이를 거치지 않고서는 정보를 생성하거나 전달할 수 없는 경우에 사용합니다. 현실과 가상 이미지가 합쳐진 AR 공간에 접속하려면 디스플레이 기기가 필요합니다. 모니터나 VR 기기, MR 기기 등을 사용한 소통이 더 많아질 것입니다.

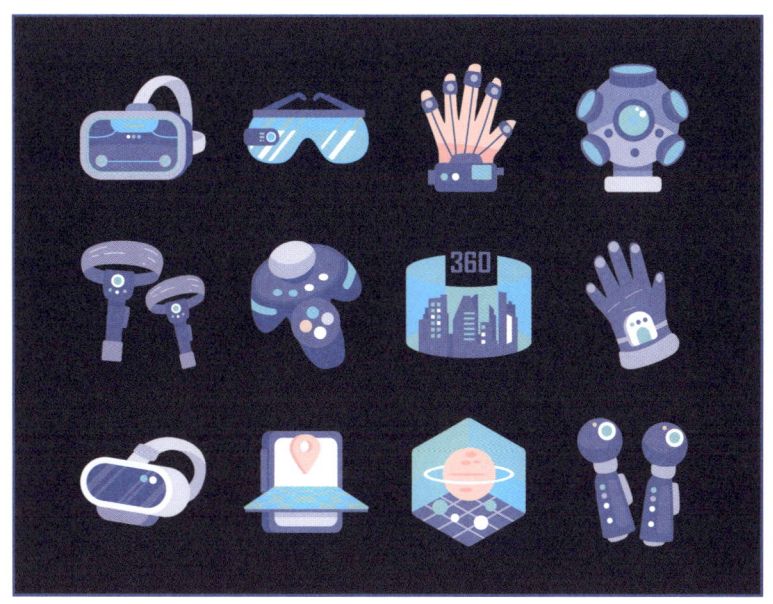

다양한 메타버스 장비

가장 복잡하고 어려운 기술은 ❸BCI를 이용한 소통 방식입니다. 두뇌와 컴퓨터를 직접 연결하니 디스플레이가 필요 없습니다. 메타버스도 BCI 장치를 이용해 접속하고, 메타버스 안의 존재들끼리 소통할 때도 두뇌의 정보를 직접 주고받을 수 있죠. 디스플레이라는 중간 단계가 생략되는 것입니다. 이질감 없이 메타버스에 접속하고 활동할 수 있는 BCI 기술은 메타버스 기술의 최종 지점이라고 할 수 있습니다. 오랜 기간이 걸리더라도 BCI 기술 정착까지 전문가들은 끊임없는 노력을 쏟을 것입니다.

지금까지 메타버스 세상에서 다른 존재들과 소통하는 다양한 방식을 살펴보았습니다. 메타버스에 접속하고 아바타나 가상인간, AI 로봇 등과 자유롭게 소통하며 살아가기 위해서는 결국 AR, VR, MR 기술이 필요하다는 점이 더욱 분명해졌습니다. 이 기술들은 디스플레이 장치를 통해서 구현할 수 있으니 지금보다 작고 가벼운 HMD 장치가 스마트폰 자리를 물려받을 가능성이 큽니다.

HMD 장치는 다양한 크기와 모양으로 개발될 것입니다. 스마트폰, 데스크톱컴퓨터, 태플릿 PC를 함께 사용하는 사람들이 많듯이 VR·AR·MR 기능을 가진 HMD 장치와 스마트폰을 같이 사용할 수도 있겠죠. 기술의 흐름은 우리가 사용하는 기계의 모습을 많이 바꿀 것입니다. 첨단 스마트 안경을 쓰고 현실과 메타버스 세계를 넘나들며 자연스럽게 통신하는 미래가 가까이 왔습니다.

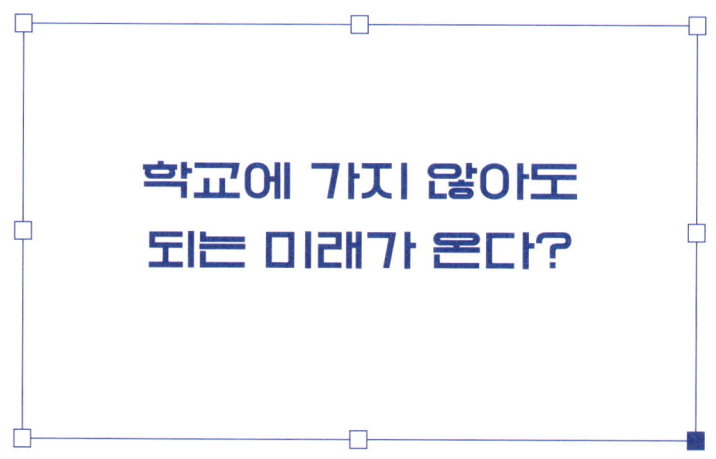

학교에 가지 않아도 되는 미래가 온다?

메타버스 세상이 오면 학교나 직장에 가지 않아도 된다고 생각하는 사람이 많습니다. 온라인 공간에서 만날 수 있으니 집 밖으로 나갈 필요가 없다는 것이죠. 이런 맥락에서 메타버스가 정착되는 것에 대한 우려의 목소리도 많습니다. 메타버스에서 많은 일을 하게 될수록 다른 사람들과 접촉이 줄어들어 사람들의 사회성이 떨어지거나 인격이 제대로 형성되지 않을까 걱정하는 것입니다. 하지만 이는 기술의 단면만 보고 내린 섣부른 판단입니다.

우리나라에 자동차가 거의 없던 시절에는 자동차가 사람들의 건강에 나쁜 영향을 줄 것이라는 예측이 많았습니다. 자동차를 타고 다니면 걸어 다닐 필요가 없으니 다리 힘이 약해진다는 논리였죠. 지금의 우리는 어떤가요? 개인 자동차뿐 아니라 버스나 택시, 지하철 같은 대중교통까지 발달해 먼 거리를 걸을 일이 그리 많지 않습니다. 원한다면 아주 가까운 거리도 전동킥보드나 자전거 같은 이동 장치를 이용할 수 있죠. 하지만 사람은 여전히 잘 걷습니다. 일부러 시간을 내서 산책과 조깅, 등산을 즐기는 사람도 많습니다. 올림픽 달리기 기록도 꾸준히 짧아지고 있죠. 인간의 다리 힘이 약해질 수 있는 환경이지만, 사람들은 운동을 통해 건강을 유지합니다.

메타버스와 관련된 우려도 마찬가지입니다. 집에서 HMD를 착용하고 메타버스로 등교하거나 출근할 수 있다면 편리한 대신 교실에서 친구를 만나거나 사무실에서 동료를 만나는 일은 줄어들 것입니다. 그렇다고 해서 사회적 교류가 전부 사라지거나 축소되는 것은 아닙니다. 직장이나 학교에서 매일 보던 사람들은 가끔 만나지만 동호회나 동아리 친구를 더 자주 만날 수 있습니다. 가족과 보내는 시간이 길어질 수도 있죠. 자동차가 보편화되면서 생활권이 넓어진 것처럼 메타버스가 우리 삶에 정착되면 인간관계나 문화생활, 경제활동의 형태가 조금 달라질 뿐입니다.

이제 메타버스가 불러올 구체적인 변화를 살펴볼까요? 우선 **공간 활용** 방식이 달라질 것입니다. 메타버스는 공간의 제약을 허물어뜨립니다. 그간 직접 방문해야 했던 병원이나 행

정기관, 은행 등 공공 부문의 서비스를 메타버스 공간에서 이용할 수 있을 것입니다. XR 기술을 이용한 원격의료 시스템이 정착되면 병원에 자주 가지 않아도 됩니다. 행정복지센터를 직접 방문해야 받을 수 있었던 정부 행정 서비스나 은행 영업점에 방문해서 처리해야 하는 일들도 메타버스 공간으로 옮길 수 있습니다.

 미술관, 박물관, 영화관 등 문화시설도 대부분 메타버스로 대체될 것입니다. OTT 서비스로 영화와 드라마를 언제 어디서나 볼 수 있는 세상입니다. 게다가 HMD를 쓰면 수백 인

> ■ **OTT**
> over the top
>
> OTT는 'over the top'의 줄임말로 '셋톱박스를 넘어'라는 뜻입니다. TV로 화면을 내보내는 셋톱박스에 국한되지 않고 데스크톱컴퓨터, 스마트폰, 태블릿 PC 등 다양한 장치로 영화, TV 프로그램 등 미디어 콘텐츠를 감상할 수 있도록 제공하는 플랫폼입니다. 넷플릭스, 디즈니플러스, 애플TV+ 등이 대표적인 OTT 서비스에 해당합니다.

치가 넘는 거대한 화면으로 영화를 볼 수 있죠. 게임은 두말할 나위가 없습니다. '플레이스테이션' 같은 콘솔 게임도 시뮬레이션 기술을 이용해 메타버스와 같은 방식으로 즐길 수 있습니다. 손에 쥐는 기구를 들고 온라인에서 만난 상대와 테니스, 탁구, 검도, 복싱 등 다양한 스포츠를 겨룰 수 있죠. 헤드셋과 센서가 있는 컨트롤러를 장착하고 VR 게임을 즐길 수도 있습니다.

물론 이런 서비스가 생긴다고 해서 병원이나 영화관, 극장이 모두 사라지지는 않을 것입니다. 직접 사람을 만나 진료받거나 함께 모여 공연이나 영상을 보는 것을 선호하는 경우도 있겠죠. 하지만 병원에 가지 않고도 검진을 받을 수 있는 시스템이 갖춰진다면 교통이 불편한 곳에 사는 사람이나 움직이기 불편한 사람, 혹은 다른 지역의 병원에서 진료를 받고 싶은 사람들이 큰 도움을 받을 것입니다.

둘째, **관계를 맺는 방식**에 변화가 일어날 것입니다. 메타버스에서는 아바타의 모습으로 만나니 상대의 국적이나 나이, 성별 등 물리적인 특징에 구애받지 않습니다. 게다가 만나지 않고 소통하는 것에 익숙해지죠. 번역 프로그램이 지원

된다면 외국어로 소통하는 문제도 해결됩니다. 코로나19 팬데믹 기간에 원격수업과 재택근무, 원격근무가 이어지면서 사람들은 온라인에서 소통하는 법을 익혔습니다.

메타버스 세계가 커질수록 AI 가상인간과 협력하고 소통하는 일도 많아질 것입니다. 사람과 AI 가상인간이 한 아바타를 공유할 수도 있습니다. 사람이 낮에 활동하는 동안 사용하던 아바타를 밤에 자는 시간이나 장기간 접속이 어려운 경우 AI

에 관리를 맡길 수 있겠죠. AI 가상인간이 사용자의 대리인이 되는 것입니다.

마지막은 **문화 전반에 걸친 변화**입니다. 메타버스는 현실 사회와 맞물려 세상의 한 축을 이룰 것입니다. 지금보다 현실에서 보내는 시간은 줄어들고 메타버스에서 더 긴 시간을 보내겠죠. 활동하는 공간이 달라지면 우리가 몸을 사용하는 방식도 바뀔 것입니다. 가상의 공간에서는 이동이 자유로우니

많은 에너지가 필요하지 않습니다. 사람들은 움직이고자 하는 운동 욕구를 해소하고자 자연스레 스포츠 문화로 눈을 돌릴 것입니다.

메타버스 기술의 발전으로 일어나는 사회 변화

공간의 변화	• 메타버스에서 원격의료, 행정 서비스, 은행 업무 등을 처리 • 박물관, 미술관, 영화관 등 문화시설이 메타버스로 대체 • 게임을 메타버스에서 즐김
관계의 변화	• 아바타를 통한 관계 형성 • 온라인 협업과 소통의 보편화 • AI 가상인간과 인간의 소통 증가
문화의 변화	• 현실에서 몸을 움직이는 스포츠 등 오락 문화 발전 • 메타버스는 업무를 위한 공간으로 변화

이처럼 메타버스 기술이 발전하며 새로운 분야가 주목받으면 산업 발전으로도 이어질 것입니다. 스포츠를 예로 들자면, 스포츠지도사와 스포츠 시설 전문가, 재활 전문가등 직업이

큰 인기를 얻게 될 가능성이 큽니다. 반면 메타버스에서 처리할 수 있는 업무가 많아질수록 현실에서 인기를 얻었던 직업들은 메타버스 세상으로 편입될 것입니다. 2024년 현재, 메타버스 세상은 점점 '일하는 공간'이라기보다 '오락'을 위한 공간으로 인식되고 있습니다. 하지만 앞으로는 일하는 공간으로 메타버스의 가치가 변화할 것입니다.

  메타버스는 시간과 공간의 제약을 뛰어넘어 서로 만나고 교류할 수 있는 기초적인 조건을 마련해 줍니다. 언제 어디서든 접속할 수 있다는 온라인의 장점을 극대화한 플랫폼이죠. 현실과 디지털 세계가 영향을 주고받는 세상, 그 안에서 AI와 인류가 어우러져 소통하며 살아갈 미래는 우리 눈앞에 와 있습니다.

생각해 보기

AI와 메타버스 편

주변을 둘러보면 AI가 다양한 분야에서 활약하고 있음을 알 수 있습니다. 식당에서 음식을 나르는 서빙용 로봇, 공항에서 길을 안내하는 로봇, 자율 주행 자동차에는 AI 프로그램이 탑재되어 있습니다. 사람과 대화를 주고받을 수 있는 AI 프로그램인 챗GPT의 등장은 혁신적이었습니다. 채팅 내용을 학습하여 질문에 대답하고, 필요한 정보를 검색해 주는 등 인간만큼 똑똑하게 학습할 수 있는 프로그램이 등장하자 사람들은 놀랐습니다. 편리하기도 하지만, 고성능 AI가 일자리를 빼앗지는 않을까 걱정하는 목소리도 많이 나왔죠.

이렇듯 현실세계에서 우리에게 다양한 도움을 주는 AI가 메타버스에서도 큰 역할을 맡을 것이라고 합니다. 가상인간의 모습으로 메타버스 세계를 운영하고, 사람과 교류하고, 메타버스 플랫폼에서 업무를 같이 처리할 것이라고도 하죠.

여러분이 상상한 메타버스 속 AI 가상인간의 모습은 어떤가요? 안내 역할을 하는 존재에 그칠까요? 아니면 인간과 정서적 교류를 나누는 사회의 새로운 구성원이 될까요? 다양한 AI 가상인간의 모습을 함께 이야기해 봅시다.

LOADING . . .

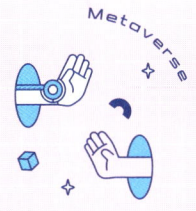

　2020년 이후 약 2년 동안 사람들은 코로나19 팬데믹을 겪으며 외출을 제한당했습니다. 도시를 봉쇄한 나라도 있었죠. 서로 얼굴을 맞댈 수 없는 상황이 오자 어떻게든 모이고자 했던 사람들은 '메타버스'라는 돌파구를 찾았습니다. 지금은 다시 자유롭게 밖을 돌아다니고 사람들을 만날 수 있게 되었지만, 팬데믹이라는 특수한 상황으로 촉발된 변화는 사라지지 않았습니다. 메타버스는 이미 삶의 방식으로 자리잡은 것입니다.

　메타버스 시대는 구체화되고 있습니다. 컴퓨터와 스마

트폰 성능이 급속히 향상되었고, 통신 기술은 넓은 영역에서 빠르게 사용할 수 있도록 발전하고 있죠. 이에 더불어 AI, XR, 빅데이터 등 메타버스의 핵심 기술이 발전하며 메타버스 사회는 기반을 탄탄히 다지는 중입니다.

 AI나 로봇 등 기계가 발전하고, 오프라인 매장이나 지점 대신 메타버스 공간이 주목받으면서 일자리가 줄어들 것을 걱정하는 사람들이 많습니다. 물론 사회 구조가 새롭게 바뀌면 기존의 일자리가 사라지거나 줄어들 수도 있습니다. 하지만 새로운 기술이 만들어 내는 사회의 변화로 탄생하는 새로운 일자리도 많습니다. 예를 들어 공공 서비스를 메타버스 공간으로 옮기면 행정 직원의 수는 줄어들지만, 메타버스 서비스를 운영하는 일자리는 늘어나겠죠. 메타버스는 지금까지 지구상에 없었던 '새로운 세상'이 만들어지는 일이니 새로운 산업의 규모를 가늠하기도 어렵습니다.

메타버스 세상을 만들고 유지하는 데 필요한 직업은 얼마나 많을까요? 2022년 세계경제포럼에서 각 분야의 전문가들은 코로나19 바이러스의 세계적 대유행으로 5년 안에 AI와 로봇 기술이 합쳐지면서 8,500만 개의 일자

세계경제포럼
World Economic Forum, WEF

매년 전 세계의 기업인, 경제학자, 언론인, 정치인 등이 세계 경제에 대해 토론하고 연구하는 모임입니다. 세계를 더 나은 방향으로 이끌기 위해 모이는 만큼 국제적으로 가장 중요한 회의 중 하나로 꼽힌답니다. 스위스 다보스에서 열리기 때문에 다보스 포럼이라고 부르기도 합니다.

리가 사라질 것으로 예측했습니다. 우리에게 익숙한 일자리들이 많이 사라질 것이라는 예상이죠. 반대로 AI 기술과 메타버스가 결합되면서 콘텐츠 분야에서만 9,700만 개의 일자리가 등장할 것이라고 내다봤답니다.

4차 산업혁명 시대에 무르익은 메타버스 기술은 팬데믹이라는 특수한 계기를 맞아 더욱 박차를 가했습니다. 관련 IT 기술도 발전하며 사회는 빠르게 변화하고 있죠. 새로운 미래에 대응하기 위해 앞으로 어떤 직업이 새로 생겨날지, 어떤 능력이 강조될지 함께 생각해 봅시다.

메타버스를 만드는 세 가지 이유

 메타버스 세상이 정착될 시대를 이해하기 위해서는 우선 메타버스 산업의 작동 원리를 알아야 합니다. 기업과 단체에서 **메타버스 기술을 활용하는 목적**과 사용자들이 **메타버스에 접속하는 이유**를 파악해야 미래 사회에서 메타버스의 역할과 향후 유망 직업을 예상해 볼 수 있습니다.

 메타버스의 첫 번째 목적은 **사회적 관계**를 구성하기 위함입니다. 세컨드 라이프, 호라이즌, 제페토 등 메타버스 서비스가 모두 이 유형에 속합니다. 이런 메타버스 플랫폼을 이용하는 사람들은 강한 목적성을 가지고 있지 않습니다. 다른 사용자와 교감하고 소통하는 데만 집중하는 사람이 있는 반면, 메타버스 사회에 모인 사람들을 상대로 사업을 벌이려는 사람도 있습니다. 또 누군가는 메타버스에서 유명해져 영향력을 키우고 싶을지도 모르죠. 이들의 공통점은 사람들을 만나고 사귀는 것이 메타버스를 이용하는 가장 큰 목적이라는 것입니다.

두 번째는 **게임**을 만드는 것입니다. 자신만의 세계에서 다양한 건축물을 만들어 나가는 게임인 '마인크래프트', 상거래를 진행하며 자신의 농장을 경영하는 게임 '모여봐요 동물의 숲' 등이 대표적인 사례죠. 동물의 숲은 게임뿐 아니라 사회적 관계를 구성하려는 목적으로도 쓰입니다. 미국의 조 바이든 대통령은 후보 시절이던 2020년에 동물의 숲 플랫폼에 선거 캠프를 차리고, 그곳에 방문하는 아바타를 대상으로 유세 활동을 벌여 화제가 되었습니다. 현실과 메타버스 두 세계에서 자신의 존재를 알리고 호감을 쌓는 소통을 시도했죠. 선거 유세에 활용될 만큼 메타버스 이용자가 많아졌다는 것을 보인 사례이기도 합니다.

마지막으로 **업무**를 위해 만들어진 메타버스도 있습니다. 그래픽카드 전문 업체 엔비디아에서 개발한 실시간 3D 디자

인 협업 플랫폼 '옴니버스'는 다수의 개발자가 메타버스에서 함께 일하며 즉각적으로 소통할 수 있도록 만들어졌습니다. 마이크로소프트가 개발한 메타버스 플랫폼 '메시'에서는 아바타가 회의에 참석합니다. 구글의 'AR코어'와 애플의 'AR키트'는 AR 콘텐츠 개발을 위한 메타버스 플랫폼입니다. 지금까지 소개한 플랫폼은 모두 업무를 위한 도구로 메타버스를 활용하는 사례들입니다. 제조, 의료, 건축 등 다양한 분야에서 이 기술을 도입하고 있습니다.

이 세 가지 목적의 메타버스가 각각 발전하며 만들어 갈 사회의 모습을 상상해 봅시다. 업무를 목적으로 만들어진 메타버스 플랫폼에서는 첨단 기술 개발, 협업, 직원 교육 등 분야가 주목받을 것입니다. 게임이나 사회관계 구축을 위한 메타버스 플랫폼에서는 재화 거래가 활발히 일어나 오프라인 쇼핑과 상거래에 영향을 미치겠죠. 메타버스 플랫폼 사용자가 늘어날수록 산업의 규모는 확대될 것입니다.

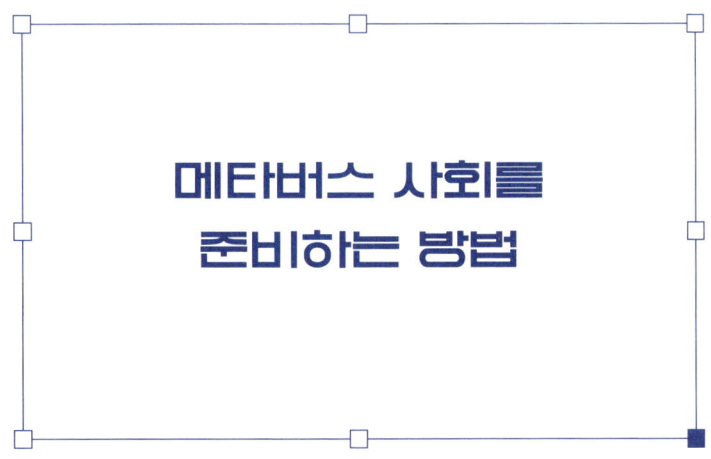

메타버스 사회를 준비하는 방법

　메타버스가 핵심 기술로 부상한다는 시대의 흐름은 거스를 수 없습니다. 장래를 계획할 때 시대 상황을 이해하고 전망이 좋은 직업을 알아보는 일은 중요합니다. 빠르게 변화하는 세상에 적응하도록 끝없이 노력해야 하죠. 하지만 가장 중요한 것은 자기 자신을 이해하는 것입니다. 즉 **적성과 특기**에 맞춰 하고 싶은 일을 확고히 정하는 일이 무엇보다 우선되어야 한다는 뜻입니다. 새로운 기술은 자신이 가질 직업의 가치를 높이는 방법으로 여기면 충분합니다.

　자동차 운전을 아주 좋아하는 사람이 있다고 생각해 봅시다. 이 사람은 자신의 적성을 고려해 운전기사라는 직업을 선택할 수 있습니다. 하지만 미래 사회에는 AI 기술을 적용한 자율 주행 자동차가 등장할 것이므로 단순히 운전 기술만 좋은 사람은 점점 설 자리를 잃게 될 가능성이 큽니다. 그렇다면 운전기사의 꿈을 포기해야 할까요?

그렇지 않습니다. 자율 주행 자동차 중에는 인간이 운행하는 자동차를 따라가도록 설계된 것들도 있습니다. 안전이 중요한 경우에는 AI에 운전을 완전히 맡기지 않고 인간의 기본적인 통제를 따르도록 하는 것이죠. 자율 주행 자동차를 통제하는 사람도 필요합니다. 자율 주행 자동차 개발 과정에서 시험 운전을 하는 전문 운전기사가 되는 길을 선택할 수도 있습니다. 새로운 기술을 접목한 일이니 앞으로 유망한 직종이 될 것입니다. 혹은 전문 카레이서가 되거나 메타버스 세상에서 운전 경험을 제공하기 위한 전문 개발자가 될 수도 있죠. 구체적인 형태는 다를 수 있지만, 미래 사회에도 운전기사로서 할 수 있는 일이 매우 많습니다. 조금만 고민해 보면 **선택지가 넓어지는 것**입니다.

자신의 적성을 파악한 뒤에는 **기술의 발전 흐름**을 짚어 봐

야 합니다. 기술과 관련 없는 직업을 선택해도 마찬가지입니다. AI, 로봇, 메타버스 등 새로운 시대의 핵심 기술을 이해하는 것은 스마트폰이나 컴퓨터를 사용법을 익히는 것 같은 기본 소양입니다. 과거에는 자신이 맡은 업무를 잘 처리하는 것이 중요했지만, 앞으로는 첨단 AI 시스템과 로봇 기술이 산업의 형태를 어떻게 바꿀지, 내 직업에는 어떤 영향을 미칠지 내다볼 수 있어야 합니다. 이 기술들을 잘 활용할 수 있다면 더욱 좋겠죠.

메타버스 세상에 대응하기 위한 지식에는 어떤 것들이 있을까요? 메타버스의 기본 개념에 더해 VR, AR 관련 콘텐츠가 만들어지는 과정을 알아야 합니다. 디스플레이 장치에도 관심을 가져야겠죠. 메타버스 사회는 인터넷에서 작동하니 인터넷 시스템의 기본 원리도 숙지해야 합니다. 메타버스 서비스를 개발할 수 있는 실력까지 갖추는 것은 선택 사항이지만, 자신이 일하는 분야에서 메타버스 콘텐츠를 활용하는 방법은 알아야 합니다.

사회적 차원에서도 이런 **미래형 인재**를 육성하는 데 집중

하고 있습니다. 서울시교육청은 2019년에 미래 핵심 기술로 빅데이터와 AI, IoT, VR과 메타버스를 꼽았습니다. 2024년에는 10개 학교를 AI·빅데이터 전문학교로 전환한다고 밝히기도 했습니다. 대학교에서도 산업의 흐름에 발맞춰 인공지능컴퓨터정보학과, 메타버스게임학과, 스마트융합기계학과 등 무려 39개에 달하는 신기술 전공을 개설했죠. 웹툰과 애니메이션을 전공으로 하는 학과나 게임소프트웨어학과에서도 AR·VR 콘텐츠 제작 관련 전문가를 양성합니다.

여러분이 미래에 메타버스 플랫폼과 무관한 직업을 가지거나 과거의 방식을 고수하는 직업을 가질 수도 있습니다. 신기술에 관심이 있어 개발자 등 기술 관련 핵심 인력이 될 수도 있죠. 모두 존중받아 마땅한 선택입니다. 다만 메타버스와 현실이 융합된 세상을 충분히 이해한다면 어떤 일을 하든 훌륭한 성과를 내는 직업인이 될 것입니다.

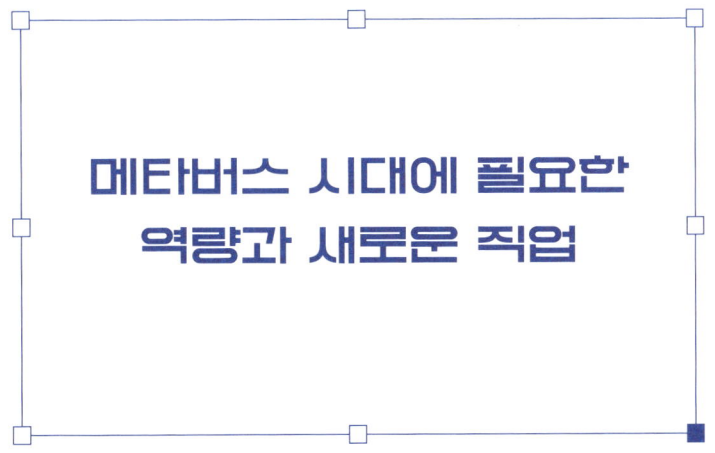

메타버스 시대에 필요한 역량과 새로운 직업

앞으로는 메타버스에서 개인과 기업 단위의 다양한 사업과 상거래가 이뤄지고, 메타버스 플랫폼을 거쳐 일하는 사람도 늘어날 것입니다. 개발자와 빅데이터 전문가 등 IT 직종에 종사하는 사람이 더 많이 필요해질 테죠. 이미 기업에서는 XR, 빅데이터, 네트워크 등 핵심 기술 분야의 인재를 얻기 위한 경쟁이 시작됐답니다. HMD 같은 하드웨어 분야 인재에 대한 수요도 커질 것으로 보입니다. 구글, 애플, 메타, 삼성전자 등 기업에서는 이미 현실과 메타버스 세계를 연결하는 첨단 HMD 개발에 열심이랍니다.

여기서 주의 깊게 보아야 할 것은 미래 직업군에서 필요로 하는 역량입니다. 메타버스 시대에는 아바타의 모습을 그리는 '아바타 디자이너'가 많이 필요할 것이라고 예상합니다. 하지만 이런 예측은 빗나갈 수 있습니다. AI 기술이 발전하여 디자인을 AI에 맡길 수도 있고, 디자인 앱의 기능이 좋아져 개인이 아바타를 디자인하는 문화가 정착될 수도 있습니다. 이처럼 급변하는 상황에서도 아바타 디자이너가 되기 위한 역량을 갈고닦은 사람이라면 어느 분야에서든 캐릭터를 디자인하는 일을 맡을 수 있을 것입니다.

미래 사회에서 요구하는 능력을 중심으로 전문가, 각종 분석 기관, 미래학자, 언론 매체에서 이야기한 메타버스 관련 직업들을 살펴봅시다.

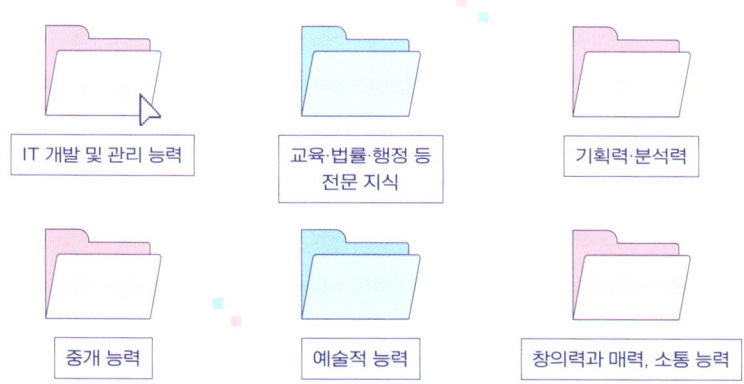

IT 개발 및 관리 능력

4차 산업혁명 시대, 특히 메타버스 시대에 IT 개발 능력은 큰 강점입니다. 많은 산업이 메타버스로 영역을 확장할 테니 IT 기술을 능숙하게 사용해야 하는 직군도 많아질 것입니다.

+ 메타버스 시스템 개발자

메타버스 시스템 전체를 관장하는 기능과 서비스를 개발합니다. 기획력과 관리 능력도 중요하지만, IT 개발 역량이 더 중시됩니다. AI에 개발을 맡기는 경우도 많아지고 있으니 개발 능력에 기획력, 관리 역량 등을 추가로 익히면 더 큰 도움이 될 것입니다.

+ 메타버스 시스템 관리자

메타버스를 구동할 수 있는 지원 서버와 네트워크, 시스템을 유지·관리합니다. 메타버스 세상이 넓어질수록 용량이 큰 서버가 필요하기 때문에 사용자의 만족을 위해서 꼭 필요한 직업입니다.

+ **블록체인 전문가**

메타버스라는 가상의 세계에서 거래되는 화폐나 재화 역시 디지털로 만들어진 가상의 돈입니다. 언제든 복제할 위험이 있죠. 이런 문제를 막을 수 있는 암호화 기술을 '블록체인'이라고 합니다. 메타버스에서 상거래가 많아질수록 블록체인 전문가는 주목받을 것입니다. IT 개발 능력에 더불어 정보보호학, 암호학, 경영학, 경제학, 산업공학 등에 대한 지식이 필요합니다.

■ 교육·법률·행정 등 전문 지식 ■

메타버스 세상은 마치 현실 같지만 현실과는 다른 원리로 작동하는 사회입니다. 기술의 발전 속도를 따라잡지 못하거나 두 세상을 오가며 사는 생활에 빨리 적응하지 못하는 사람들이 생길 수 있습니다. 이런 경우 메타버스 세상에 적응하도록 돕는 전문가의 도움을 필요로 하게 될 것입니다.

+ 메타버스 전문 강사·상담사

기업의 직원, 공무원, 교사 등은 물론이고 메타버스 이용에 어려움을 겪는 사람들에게 기초적인 활용법을 가르쳐 줄 사람이 필요해질 것입니다. 각 분야의 초보자를 위한 전문 강사가 등장하겠죠. 메타버스 사회 내에서 발생하는 갈등이나 심리적인 문제는 어떻게 해결할까요? 메타버스라는 사회에 특화된 심리, 신앙, 직무교육 등 방면의 전문 상담가가 등장할 것입니다.

+ 메타버스 행정 및 법률 전문가

메타버스 세상의 세세한 규칙과 행정·법률 체계에 적응하도록 돕는 직업도 생길 것입니다. 메타버스 내 행정 전문가나 변호사부터 메타버스 기업에서 발생하는 갈등을 조정해 주는 노무사, 메타버스 사회에서 화폐를 거래하며 생기는 세금을 관리해 주는 세무사 등 다양한 직업이 탄생하겠죠. 메타버스 내 민원 업무 담당자, 분쟁 조정 센터 운영자 등 다양한 전문가들이 여러분을 메타버스 세계로 안내할 것입니다.

기획력·분석력

메타버스 세상을 열어 줄 새로운 콘텐츠와 상품을 만들기 위해서는 뛰어난 기획력이 필요합니다. 좋은 기획은 철저한 분석을 바탕으로 하기 때문에 이 두 역량은 함께 갖추면 좋습니다. 뛰어난 분석력과 기획력을 가진 사람은 기업의 방향을 제시할 수 있는 안목이 생깁니다.

+ **메타버스 시스템 기획자**

메타버스라는 거대한 세상의 전반적인 기능을 설계하는 최상위 개발자입니다. 메타버스에서 운영할 서비스의 기능과 형태 등을 모두 결정해야 하죠. 탁월한 IT 개발 능력을 갖추고, 메타버스 시스템을 완전히 이해해야 합니다.

+ **메타버스 게임 기획자**

메타버스 기술을 활용한 게임을 기획합니다. 메타버스 게임 기획자는 데이터를 분석하고 메타버스 게임 개발자들을 이끌 수 있는 역량이 필요합니다. 현재 개발된 메타버스 게임은 크게 두 종류로 나눌 수 있습니다. 첫째는 '모여봐요 동물의 숲'처럼 게임 자체가 메타버스 성격을 가진 유형이고, 둘째는 메타버스 세상 속의 아바타들이 즐기는 미니게임 형태의 '메타버스 세상 속 게임'입니다. 전문가들은 앞으로 게이머의 선호도, 역량 등 사용자의 데이터를 분석하여 개인마다 맞춤형으로 즐길 수 있는 게임이 활성화될 것으로 보고 있습니다.

+ **메타버스 건축가**

메타버스 안에 학교, 공공시설, 편의 시설 등 건축물을

만들어 아바타가 활동하는 공간을 설계합니다. 아바타들이 효율적으로 머물고 이동할 수 있어야 긍정적인 사용자 경험을 끌어낼 수 있습니다. 메타버스 안에서 길을 잃거나 시야가 제대로 확보되지 않는 공간이 있다면 불편함을 느끼겠죠. 하지만 현실에서 구현하기 힘든 공간을 체험할 수만 있다면 큰 만족감을 줄 수 있습니다. 예를 들어 자동차 회사에서는 메타버스 전시관을 세우거나 자동차를 마음껏 개조하는 공간을 꾸려 홍보 수단으로 활용할 수 있습니다.

메타버스 건축가는 뛰어난 건축 미감뿐 아니라 기업의 설계 의도에 부합하게 건축물을 만드는 감각이 필요합니다. 이를 위해서는 다양한 현실의 공간의 특징, 기존 서비스에 대한 고객의 만족도 등을 분석할 수 있어야겠죠. 공공기관, 기업, 학교 등 다양한 기관에서 메타버스 건축가를 필요로 할 것입니다.

중개 능력

다양한 산업이 자리 잡게 되면 그 사이에 연결 다리 역할을 하는 사람이 필요해집니다. 수출입을 전문으로 관리하는 사람, 콘텐츠를 사고파는 사람, 메타버스 공간을 임대하고 부동산 거래를 중개하는 사람 등 다양한 직업이 생길 것입니다.

+ 메타버스 콘텐츠 운영 전문가

언론 매체와 소셜미디어에서 콘텐츠가 끊임없이 생산되듯, 메타버스에서도 많은 콘텐츠가 만들어지고 거래될 것입니다. 전문적으로 메타버스 콘텐츠를 판매하고 유통하는 전문가의 역할이 점점 커질 것으로 기대됩니다. 저작권을 관리하는 '콘텐츠 IP 운영 관리자', 콘텐츠의 가치를 매기는 '콘텐츠 가치 평가사', 콘텐츠의 수출입 등 거래를 담당하는 '수출 저작권 에이전트' 등 콘텐츠를 둘러싼 직종이 생길 것입니다.

+ **메타버스 공간 임대업자·공인중개사**

메타버스는 아바타로 활동하는 사람들의 생활 공간이 될 것입니다. 현실세계에서 부동산 거래를 하듯 메타버스 공간에도 소유권이 발생하겠죠. 큰 자본을 바탕으로 많은 공간을 보유하고, 이를 임대하여 수익을 올리는 임대업자도 생겨날 것입니다. 임대업자가 생겨나면 세입자와 임대인을 중개하는 전문 공인중개사도 함께 등장할 것으로 보입니다.

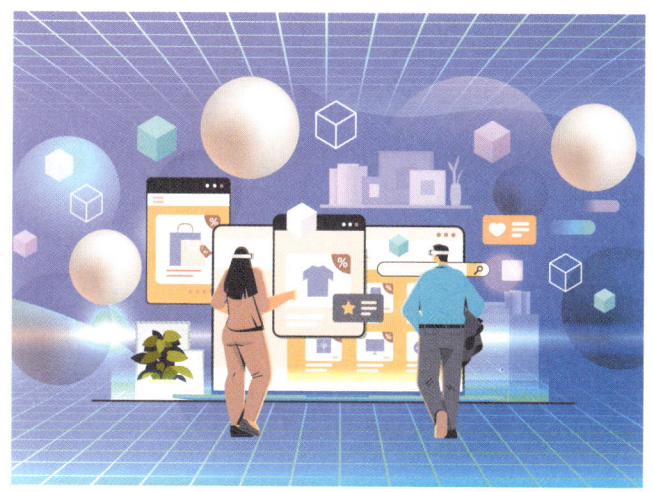

예술적 능력

메타버스 기술은 사람의 시각을 비롯한 다양한 감각을 자극하여 가상의 공간을 느끼게 만드는 것입니다. 이 과정에서 예술적 능력은 매우 중요합니다. 가상의 세계를 경험할 때 보기에 아름답고 생생해야 즉각적인 즐거움을 느낄 수 있기 때문이죠.

+ **메타버스 크리에이터**

메타버스에서 아바타가 사용하는 물건이나 주변 환경을 만듭니다. 메타버스 크리에이터는 주로 아바타의 외형(헤어스타일, 옷, 액세서리 등)과 시설, 건축물, 배경물(바닥의 타일이나 가로등, 표지판 등)을 만듭니다. 제페토의 1세대 크리에이터 '렌지'는 아바타가 입는 옷을 만들어 큰 인기를 얻었습니다. 지금은 크리에이터를 양성하고 관리하는 일까지 영역을 확장했죠. 앞으로 메타버스를 활용하는 분야가 넓어지면 메타버스 크리에이터의 진출도 활발해질 것입니다.

+ 아바타 디자이너

아바타의 외형과 동작 등을 디자인합니다. 메타버스의 아바타는 사용자를 상징합니다. 따라서 개인용 아바타는 개개인의 성향과 특성을 확실하게 표현할 수 있어야 하고, 기업용 아바타라면 기업의 비전과 문화를 아바타에 담을 수 있어야 하죠. 물론 보기에 예쁘고 멋진 것도 중요하지만, 메타버스에서 아바타가 자연스럽게 움직이고 활동하게 하려면 메타버스 시스템에 대한 이해가 기본적으로 이뤄져야 합니다. 이에 더하여 CG, 3D 모델링 등 기술도 익혀야 합니다.

■ 창의력과 매력, 소통 능력 ■

창의력과 매력, 소통 능력 등을 기반으로 삼는 직업이 점점 늘어나고 있습니다. 연예인이나 인플루언서, 크리에이터는 특히 개인이 가진 고유한 매력과 소통 능력이 필수적입니다. 메타버스와 현실세계를 오가며 활동하는 사람들이 많아질 테니 미래에도 이는 변함없는 사실이 될 것입니다.

+ 메타버스 연예인

현실에서 연예인이 되려면 대단히 많은 제약이 따릅니다. 독특한 개성을 갖춰야 하고, 연기나 노래 등 특기가 있어야 하며 외모도 매력적으로 가꿔야 합니다. 타고난 재능이 많이 필요한 분야죠. 메타버스 세계에서는 아바타를 통해 활동하므로 이런 제약이 크게 줄어듭니다. 메타버스 연예인을 육성하고 관리하는 전문 엔터테인먼트 기업도 생겨날 것입니다.

+ **메타버스 콘텐츠 크리에이터**

유튜브나 틱톡, 인스타그램의 콘텐츠 크리에이터가 각광받는 것처럼, 메타버스에서 콘텐츠의 생산 과정을 총괄할 '메타버스 콘텐츠 크리에이터'들의 활동도 많아질 것입니다. 콘텐츠 크리에이터들과 협업할 프로듀서도 주목받는 직업이 될 것입니다.

+ **메타버스 공연·미디어 전문가**

요즘 사용자의 동작에 따라 반응하는 인터랙티브 미디어 기술이 인기입니다. 미디어 아트 전시회도 많이 열리고, 관객이 움직이거나 화면을 누르는 것에 반응하여 새로운 미디어 콘텐츠가 만들어지는 참여형 전시도 활발하죠. 이처럼 인터랙티브 기술을 기반으로 한 공연 콘텐츠가 개발될 전망입니다. 3D 영상을 만드는 홀로그램 기획자, 전시 기술 전문가, 빛으로 만든 영상을 기둥이나 화면 등 대상에 쏘아 이미지를 만드는 프로젝션 매핑 전문가 등 다양한 직업이 생겨날 것입니다.

지금까지 메타버스 세상에 새로 생길 직업을 살펴보았습니다. 여러 가지 직업을 이야기하며 다시금 느낀 것은 세상이 아무리 변하고 직업이 다양해진다고 해도 인간이 살아가는 모습은 크게 바뀌지 않을 것이라는 사실입니다.

빠르게 변하는 흐름 속에도 우리가 갖춰야 할 기본 소양은 변하지 않습니다. 특히 모든 배움의 기본이 되는 **언어 능력**이 중요합니다. 우리의 모국어인 국어, 세계 공용어인 영어, 자연현상과 사회현상을 이해하기 위한 기본 언어인 수학이 언어 능력의 근간입니다. 이 토대가 마련되어야만 우리는 기획력, 창의력, 관리 능력, 예술적 능력 등 다양한 역량을 펼칠 수 있습니다. 여기에 더해 AI, 로봇, 메타버스 등 미래 기술을 받아들여 자유자재로 활용할 수 있게 된다면 어떤 직업을 선택하더라도 유능한 직업인이 될 것입니다.

미래를 살아가는 사람은 다름 아닌 여러분입니다. 여러분이 진정 원하는 자신의 미래 모습을 곰곰이 생각해 보고, 꾸준히 그 길을 걸어가길 응원합니다.

LOADING . . .

01. 주어진 단어에 알맞은 뜻을 찾아 연결해 보아요.

디스토피아 ●   ● 개인을 대신해 메타버스에서 활동하는 캐릭터를 일컫는 말

아바타 ●   ● 작은 점을 많이 찍어서 그림을 그리는 기법

OTT ●   ● 매년 스위스 다보스에 전 세계의 기업인, 경제학자, 언론인, 정치인 등이 모여 세계 경제에 대해 토론하고 연구하는 모임

점묘법 ●   ● 사회의 부정적인 측면을 극대화한 암울한 미래상

세계경제포럼 ●   ● 데스크톱컴퓨터, 스마트폰, 태플릿PC 등 다양한 장치로 영화, TV 프로그램 등 미디어 콘텐츠를 감상할 수 있도록 제공하는 플랫폼

4차 산업혁명 ●   ● AI와 로봇 기술이 중심이 되어 산업구조가 새롭게 짜이는 미래를 지칭하는 말

02. 가로세로 낱말 퍼즐

가로 열쇠

1. 자동차 엔진이나 공장, 빌딩, 도시 등 복잡하거나 거대한 구조물을 만들 때 미리 점검할 수 있는 메타버스 세계를 만드는 기술.
2. 스크린이나 키보드, 터치 스크린 등 기계와 기계, 사람과 기계를 연결해 주는 장치.
3. 증강 기술과 반대로 제페토처럼 현실과 닮은 독립적인 메타버스 세계를 만드는 기술.
4. 컴퓨터 모니터나 TV, 카메라 등 그래픽을 나타내는 장치에 화면이 선명하게 보이는 정도.

세로 열쇠

1. TV나 컴퓨터, 스마트폰 화면 등 컴퓨터나 기계가 처리한 데이터를 화면으로 보여 주는 시각적 장치.
2. 인간의 두뇌를 그대로 ㅇㅇㅇ에 연결하여 메타버스의 정보를 느낄 수 있는 기술을 BCI 기술이라고 부른다.
3. '메타버스', '아바타'라는 단어를 처음으로 사용한 닐 스티븐슨의 과학소설.
4. 현실에서 AI는 기계에 장착되어 일하고, 메타버스에서는 'ㅇㅇㅇㅇ'이 되어 사람과 함께 일하며 소통할 것이다.

03. 일상을 기록한 디지털 데이터를 수집하여 메타버스를 만드는 기반으로 삼는 기술 유형은 무엇일까요?

① 라이프로깅 ② 증강현실(AR) ③ 거울세계 ④ 가상세계

04. AR 기술을 구현하는 방법 중 하나로, 투명 디스플레이나 유리창 위에 가상의 정보나 이미지, 영상 등을 표시하는 장치는 다음 중 무엇일까요?

① 센소라마 ② 모니터 ③ 디지털 트윈 ④ HUD

05. 다음 중 메타버스에 대한 설명으로 옳지 않은 것을 하나 고르세요.

① 메타버스는 가상이나 초월을 의미하는 '메타(meta)', 세계 또는 우주를 의미하는 '유니버스(universe)'를 합성한 단어이다.
② 메타버스 세상에서는 아직 물건을 사고파는 등 거래를 할 수 없다.
③ 1992년 미국 작가 닐 스티븐슨이 소설 《스노 크래시》에서 처음 사용했다.
④ 메타버스에 접속하기 위해서는 아직 디스플레이 등 입력장치가 필요하다.

06. 다음 중 디스플레이에 대한 설명으로 옳은 것을 고르세요.

① 화면의 크기와 관계없이 해상도가 높으면 화질이 더 선명하다.
② XR 기술이 정착되면 디스플레이 없이 서비스를 사용할 수 있다.
③ AR, VR 등 다양한 메타버스를 체험하기 위해 반드시 거쳐야 하는 장치다.
④ 눈에서 화면까지의 거리가 멀수록 해상도가 높아야 화면이 잘 보인다.

07. 다음 빈칸에 들어갈 알맞은 말을 채우세요.

> 메타버스 세상에서 우리는 개인을 대신해 활동하는 캐릭터인 (   )로 활동합니다. 1992년 닐 스티븐슨이 쓴 과학 소설 《스노 크래시》에서 메타버스라는 가상 세계에서 활동하는 가상의 신체를 뜻하는 말로 처음 쓰였고, 2009년에는 같은 이름의 영화도 개봉되었습니다.

08. 다음 빈칸에 들어갈 알맞은 말을 채우세요.

> VR 기술을 통해 만들어진 세상으로, 현실과 비슷하게 만들어진 독립된 메타버스 공간을 (   ) 유형으로 분류합니다. 제페토가 이에 속하는 대표적인 메타버스 플랫폼입니다. 현실과 분리된 독립적인 공간을 활용하는 시뮬레이션 기술을 활용하고, 메타버스 내의 정보로만 움직이는 내재적 유형에 속합니다.

09. 다음 빈칸에 들어갈 알맞은 말을 채우세요.

> 머리에 착용하는 디스플레이라는 뜻으로, 영상과 소리를 눈과 귀 바로 앞에서 들려주는 장치를 (   )라고 합니다. 최초로 발명된 (   )는 1968년 미국의 컴퓨터과학자인 아이번 서덜랜드가 개발한 착용형 디스플레이입니다.

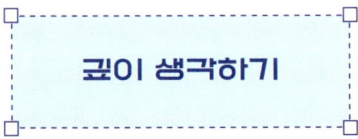

깊이 생각하기

01. 사람들이 현실과 메타버스 세상을 오가며 생활하게 되면 산업 구조도 크게 변화할 것입니다. 메타버스라는 새로운 사회를 만들기 위한 전문가들이 필요해질 테니 IT 산업이 발전할 것이고, 메타버스에서 상거래가 활발해지면 경제활동 영역도 넓어질 것입니다. 새로운 산업이 탄생하며 관련 직업도 많이 생기겠죠. 미래 사회에서 사람들은 어떤 일을 주로 하게 될까요? 메타버스의 경제활동이 현실처럼 활발해질까요?

02. 메타버스 기술이 발전하면 우리 생활은 더욱 편리해질 것입니다. 멀리 있는 병원에 가지 않고도 원격진료를 받을 수 있고, 다른 나라에 있는 친구와 쉽게 만날 수도 있습니다. 한편, 이런 편리함에 중독되어 현실을 소홀히 하고 메타버스 세계에서만 살아가려는 현상이 일어날까 걱정하는 사람들도 있습니다. 이런 우려는 현실이 될까요? 부작용이 있다면 어떻게 극복할 수 있을까요?

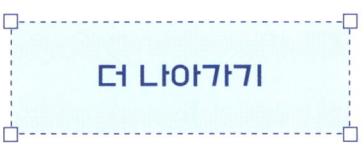

더 나아가기

01. 책에서 가장 흥미로웠던 내용은 무엇인가요? 그 이유도 함께 알려 주세요.

02. 뇌와 컴퓨터를 연결하는 BCI 기술이 가능해지면 가장 하고 싶은 일은 무엇인가요?

해답

01. 주어진 단어에 알맞은 뜻을 찾아 연결해 보아요. p.189

디스토피아	개인을 대신해 메타버스에서 활동하는 캐릭터를 일컫는 말
아바타	작은 점을 많이 찍어서 그림을 그리는 기법
OTT	매년 스위스 다보스에 전 세계의 기업인, 경제학자, 언론인, 정치인 등이 모여 세계 경제에 대해 토론하고 연구하는 모임
점묘법	사회의 부정적인 측면을 극대화한 암울한 미래상
세계경제포럼	데스크톱컴퓨터, 스마트폰, 태블릿 PC 등 다양한 장치로 영화, TV 프로그램 등 미디어 콘텐츠를 감상할 수 있도록 제공하는 플랫폼
4차 산업혁명	AI와 로봇 기술이 중심이 되어 산업 구조가 새롭게 짜이는 미래를 지칭하는 말

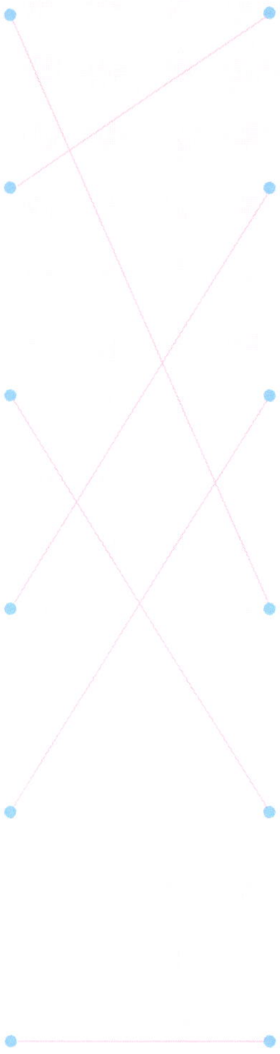

02. 가로세로 낱말 퍼즐 p.190

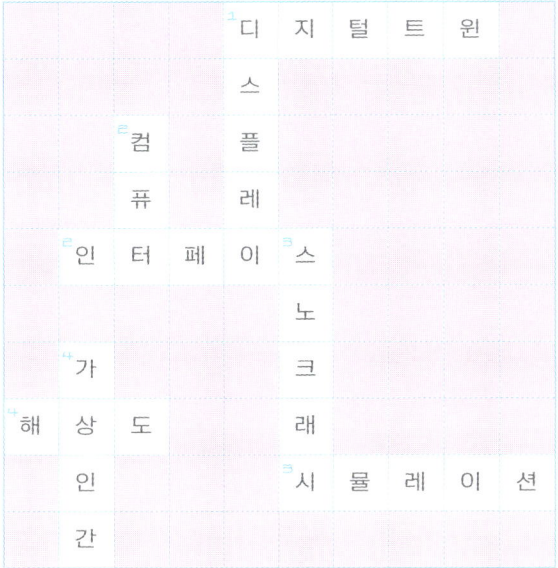

03. ①
04. ④
05. ②
06. ③
07. 아바타
08. 가상세계
09. HMD

10대를 위한
메타버스에 관한 거의 모든 것

초판 1쇄 발행 2024년 2월 5일

지은이 전승민
펴낸이 안병현 김상훈
본부장 이승은   총괄 박동옥   편집장 임세미
책임편집 백지선   디자인 서윤하
마케팅 신대섭 배태욱 김수연   제작 조화연

펴낸곳 주식회사 교보문고
등록 제406-2008-000090호(2008년 12월 5일)
주소 경기도 파주시 문발로 249
전화 대표전화 1544-1900   주문 02)3156-3665   팩스 0502)987-5725

ISBN 979-11-7061-100-4 (74500)
       979-11-7061-088-5 (세트)
책값은 표지에 있습니다.

· 이 책의 내용에 대한 재사용은 저작권자와 교보문고의 서면 동의를 받아야만 가능합니다.
· 잘못된 책은 구입하신 곳에서 바꾸어 드립니다.